Aristóteles
para quem busca a
FELICIDADE

CARO LEITOR,

Queremos saber sua opinião sobre nossos livros.

Após a leitura, curta-nos no facebook/editoragentebr,

siga-nos no Twitter @EditoraGente e visite-nos no site

www.editoragente.com.br.

Cadastre-se e contribua com sugestões, críticas ou elogios.

Boa leitura!

JEAN VANIER

Aristóteles para quem busca a FELICIDADE

A resposta da filosofia para aquilo que todos nós buscamos

Traduzido para o português por
Sally Tilelli

Gente editora

Diretora
Rosely Boschini

Gerente Editorial
Marília Chaves

Assistente Editorial
Natália Mori Marques

Editora de Produção Editorial
Rosângela de Araujo Pinheiro Barbosa

Controle de Produção
Karina Groschitz

Tradução
Sally Tilelli

Preparação
Carla Fortino

Projeto gráfico e Diagramação
Balão Editorial

Revisão
Vero Verbo Serviços Editoriais

Capa
Miriam Lerner

Imagem de capa
Sergei Kardashev/Shutterstock

Título original: *Le goût du bonheur*

Rua Pedro Soares de Almeida, 114, São Paulo, SP – CEP 05029-030
Telefone: (11) 3670-2500
Site: http://www.editoragente.com.br
E-mail: gente@editoragente.com.br

Dados Internacionais de Catalogação na Publicação (CIP)
Angélica Ilacqua CRB-8/7057

Vanier, Jean
Aristóteles para quem busca a felicidade: a resposta da filosofia para aquilo que todos nós buscamos / Jean Vanier; tradução de Sally Tilelli. – São Paulo: Editora Gente, 2016.
224 p.

ISBN 978-85-452-0098-7
Título original: Le goût du bonheur

1. Autoajuda 2. Felicidade 3. Aristóteles 4. Filosofia I. Título II. Tilelli, Sally

16-0256 CDD-158.1

Índices para catálogo sistemático:
1. Autoajuda 158.1

AGRADECIMENTOS

Este livro foi escrito com a colaboração de Élise Corsini, que se utilizou de suas grandes habilidades tanto em preparação quanto em edição. Nossas discussões a respeito de Aristóteles nos permitem descobrir juntos de que maneira a ética aristotélica pode ser apresentada aos amantes da verdade dos dias de hoje. Sinto-me bastante grato a ela.

Também gostaria de expressar minha gratidão a Ronan Sharkey, amigo filósofo cujas excelentes sugestões me permitiram elaborar certos temas de modo mais aprofundado.

ABREVIATURAS UTILIZADAS

EN – Ética a Nicômaco

EE – Ética a Eudemo – o primeiro tratado sobre ética de Aristóteles, consideravelmente similar à *Ética a Nicômaco*

Pol. – Política

Meta. – Metafísica

Fis. – Física

De Cael. – *De Caelo* (Sobre o céu)

Ret. – Retórica

Top. – Tópico

Poet. – Poética

De Part. – *De Partibus Animalium* (Sobre as partes dos animais)

De Div. – *De Divinatione per Somnum* (Sobre a adivinhação pelo sonho)

SUMÁRIO

11 Introdução
17 A ética do desejo
53 Prazer e amizade: o tempero da vida
95 A fome pela verdade
129 Pequenas e grandes virtudes
161 O momento para o crescimento
199 As falhas e o valor da ética aristotélica
219 Notas

NOTA

Aristóteles refere-se exclusivamente ao "homem", e há momentos em que, para evitar que o texto se tornasse pesado em demasia, também optei pela palavra "homem", no sentido genérico. Nos tempos de Aristóteles, os homens eram considerados superiores às mulheres, e é justamente aí que repousa uma das falhas da ética aristotélica. Hoje, o mais automático e apropriado seria nos valermos de termos como "ser humano", "pessoas" ou mesmo "homens e mulheres".

INTRODUÇÃO

Felicidade, independentemente do que as pessoas possam dizer, é a maior preocupação da nossa vida. Uma breve investigação demonstrará isso com facilidade. Basta perguntar às pessoas apressadas rumo ao trabalho, perambulando pelas ruas ou papeando enquanto degustam uma bebida: "O que você busca na vida?". Algumas poderiam responder: "Sucesso no trabalho, uma promoção"; outras diriam: "Casar e iniciar uma família", "Ter uma vida pacífica e sem conflitos". Há também as que adorariam "um aumento no salário", "férias ensolaradas" ou "diversão com os amigos". Todavia, se pressionássemos essas pessoas um pouco mais e perguntássemos: "Por que você deseja ser bem-sucedido, ganhar um aumento, ter uma família ou curtir férias?", não há dúvida de que a resposta seria: "Porque isso me faria feliz".

Ser feliz – conhecer a felicidade – é o grande desejo de todo homem e de toda mulher. Talvez os meios de conquistá-la sejam diferentes, mas todos nós queremos ser felizes. Essa é a nossa grande aspiração.

Aprisionados como estamos na árdua empreitada de viver e realizar nossas inúmeras atividades diárias, é fato que não nos perguntamos com a devida frequência: "Por que estou fazendo isso? O que estou buscando?". Essas, entretanto, são questões inevitáveis sobre o sentido da vida, e assim que nos indagamos a esse respeito começamos a filosofar.

Por que um ser humano é criado? Para que felicidade? Essas são as questões feitas pelos filósofos gregos; são as perguntas do povo judeu; são as questões centrais da mensagem de Jesus nas *Beatitudes*; são as indagações que têm residido no coração de homens e mulheres de todos os tempos, de todas as origens, de todas as raças e de todas as religiões. São as perguntas eternas da humanidade.

Aristóteles é uma das grandes testemunhas dessa busca pela felicidade. Seu modo de pensar não é o de um ideólogo, mas baseia-se nos fatos que dizem respeito aos humanos e a suas experiências pessoais. E foi isso o que o levou a propor sua ética para a felicidade com o objetivo de ajudar as pessoas a olharem mais claramente para dentro de si mesmas e encontrarem a própria realização. Isso foi há 2.400 anos, mas sua maneira de pensar transpôs os séculos e ainda se mostra relevante nos dias atuais.

Aristóteles acredita na inteligência humana. Ele está convencido de que o que distingue os seres humanos dos animais é a capacidade de pensar, de conhecer e analisar a realidade, de fazer escolhas, de definir de algum modo os rumos de nossa vida. Ele não aceita a ideia de que sejamos apenas uma coleção de impulsos ou desejos predeterminados. Ele crê que cada um de nós – em maior ou menor grau – seja o mestre da própria vida e do próprio destino.

Contudo, Aristóteles não busca apenas reiterar axiomas morais. Tampouco deseja, por meios externos, estimular as pessoas a serem justas, a buscarem a verdade e/ou obedecerem às leis. O que ele quer é estabelecer as bases de uma ciência moral com pensamentos oriundos dos mais profundos desejos da humanidade. Sua questão fundamental não é "O que deveríamos fazer", mas "O que realmente desejamos". Sua ética também não é aquela fundamentada nas leis. Ela se concentra nas mais profundas inclinações do ser humano para fazer com que elas se concretizem. Desse modo, a ética de Aristóteles não se esteia numa ideia, e sim no desejo de completude da vida que se encontra gravado em cada ser humano.

A ética de Aristóteles requer que trabalhemos em nós mesmos. Talvez fiquemos desapontados com o fato de ela não nos prover o norteamento moral que buscamos para nossas ações, tampouco os princípios que poderíamos esperar que ela – a ética – propusesse. Em vez disso, Aristóteles nos convida a procurar e discernir essas orientações dentro de nós mesmos. "Qual é o seu desejo mais profundo, escondido talvez debaixo de outros anseios, quem sabe até mais superficiais?". Cabe a nós descobrir a resposta.

Os pensamentos de Aristóteles também têm suas limitações, e nós as observaremos na conclusão deste livro. Com frequência ele é criticado por sentir-se demasiadamente confortável com a escravidão e a subordinação das mulheres. Em sua defesa, entretanto, devemos ter em mente que quase dois milênios e meio o separam de nós. Nesse ínterim, testemunharam-se o nascimento do Cristianismo, o surgimento de grandes cidades, as inúmeras descobertas científicas e uma evolução extraordinária no modo de viver. Tudo isso levou os seres humanos a novas descobertas em relação a si próprios e também aos papéis exercidos por homens e mulheres. Afinal, as mulheres não estão mais – como na época de Aristóteles, quando o grau de mortalidade infantil era elevado – completamente amarradas à tarefa de dar à luz e cuidar dos filhos e da família. Hoje elas podem assumir seu espaço na sociedade, sem negligenciar seu papel de mãe.

Se existem lacunas nos pensamentos de Aristóteles, também existem pontos de valor significativo. Ele quer levar em consideração a realidade humana como um todo, não criar um sistema de ética que seja puramente ideológico. Sua ética integra as dimensões do corpo e da afetividade, assim como as do prazer, conferindo à amizade um lugar generoso, tendo em vista que ele acredita piamente na impossibilidade de alguém ser feliz sozinho. "Sem amigos ninguém escolheria viver" (EN 1155a3). Em sentido mais amplo, a felicidade possui uma dimensão social ou cívica.

O homem que deseja ser plenamente humano não pode permanecer um estranho à vida na cidade.

É esse profundo senso de realidade e de realidade humana que sempre me interessou a respeito de Aristóteles, e isso bem antes da fundação da Arca. Quando tinha 13 anos, matriculei-me em uma escola naval britânica. Era um período de guerra, e eu queria servir nas forças armadas contra a terrível ameaça nazista. Deixei a Marinha oito anos mais tarde porque comecei a me fazer a seguinte pergunta: "É isso mesmo o que desejo para a minha vida?". Eu me alistara na Marinha pela louvável intenção de servir ao meu país e, anos depois, abandonei a instituição por causa de questionamentos mais profundos: "O que quero fazer da minha vida? O que me tornará um homem plenamente realizado?".

Minha saída da Marinha levou-me a buscar o significado da vida em minha fé cristã, na mensagem de paz de Jesus e na visão que ele tinha da humanidade. Também busquei respostas junto a filósofos, mulheres e homens sábios, que estavam convencidos da beleza e do valor dos seres humanos. Foi desse modo que deparei com os trabalhos de Aristóteles.

Assim, mergulhei em sua filosofia e, em especial, em sua ética. Em 1962, defendi minha tese de doutorado no Catholic Institute, em Paris. O título é "A felicidade como princípio e fim da ética aristotélica". Minhas pesquisas quanto à fundamentação da ética aristotélica brindaram-me com uma enorme quantidade de luz e ajudaram-me a compreender a conexão entre ética, psicologia e espiritualidade. A Psicologia ajuda-nos a compreender não apenas o comportamento humano, mas também os medos e os bloqueios que residem em nós, a fim de nos libertar deles. A espiritualidade é como uma brisa de inspiração que fortalece nossa motivação. A ética nos ajuda a esclarecer no que de fato consiste um ato humano, o que é justiça e quais são as melhores ações – aquelas que nos tornam mais humanos e mais felizes. Ela nos ajuda a compreender melhor para onde nossa liberdade nos atrai.

Depois do doutorado, comecei a lecionar Filosofia no Canadá. Foi então que as circunstâncias me colocaram em contato com homens e mulheres que apresentavam deficiência mental. Descobri nessa oportunidade quão divididas e fragmentadas são as nossas sociedades. De um lado, estão aqueles que são saudáveis e bem integrados dentro delas; do outro, os excluídos e deixados à sua margem. Assim como na época de Aristóteles, ainda existem hoje mestres e escravos. Percebi que a paz não poderia prevalecer enquanto nenhuma tentativa fosse realizada a fim de transpor o abismo que separa diferentes culturas, religiões e até indivíduos. Foi assim que, com o apoio e o encorajamento do padre Thomas Philippe, deparei-me com a Arca, pude dar boas-vindas a Raphael Simi e Philippe Seux, dois homens com deficiência mental que haviam sido aprisionados em uma instituição. Passamos a viver juntos. Eles também perguntavam a si mesmos qual o significado da vida deles; da felicidade. Seus desejos se evidenciavam não apenas nas expressões, no choro, nas lágrimas, na violência e no sorriso, mas também em sua ânsia por amizade.

Fui levado a questionar-me: Do que eles precisam para ser felizes? O que estão buscando? Seria apenas um emprego, um lugar na sociedade, dinheiro, uma vida independente em um apartamento? Que tipo de crescimento rumo à maturidade é possível para pessoas com deficiência mental? Que forma assume a felicidade para esses indivíduos?

Rapidamente percebi que o Evangelho e a espiritualidade cristã não podiam ser separados do pensamento humano, filosófico e ético. A espiritualidade não é algo que funciona destituída de um corpo; ela está enraizada no que é humano.

Desse modo, este livro tem sua origem tanto em minha tese – com todas as suas inúmeras páginas, sua precisão filosófica e sua análise das palavras e dos textos de Aristóteles –, quanto em minha experiência de vida entre homens e mulheres frágeis, marcados pela doença e também pela rejeição. O objetivo desta obra é tornar a sabedoria de Aristóteles acessível. As trilhas que o filósofo aponta podem nos ajudar não somente a fazer perguntas válidas, mas também a encontrar bons pontos de referência.

Hoje, muitas pessoas não têm fé religiosa. E é importante ser capaz de se comunicar com esses indivíduos em um nível racional para refletir sobre maturidade e aspectos humanos. Muitos dos princípios aristotélicos são válidos para qualquer ética. Ser humano não significa apenas obedecer às leis que vêm de fora, mas alcançar a maturidade. Ser humano quer dizer tornar-se tão hábil e perfeito quanto possível. Se não o fizermos, algo estará perdido para a humanidade como um todo. Para Aristóteles, essa habilidade deriva do exercício da mais perfeita ação: aquela de buscar a verdade em todas as coisas, afastando as mentiras e as ilusões, agindo de acordo com a justiça, transcendendo a si mesmo e atuando pelo bem do outro na sociedade.

As citações de Aristóteles apresentadas neste livro são claras e precisas. Aqueles que desejarem conferir a tradução feita por mim, ou algumas das interpretações de seu pensamento ético, poderão pesquisar em minha tese. Ela foi publicada em 1966 por Desclée de Brouwer.[1] Na maioria das vezes, utilizei-me das traduções para o inglês dos textos de Aristóteles feitas por W. D. Ross[2] – exceto nas ocasiões em que as versões de Terence Irwin[3] ou Michael Pakaluk[4] me pareceram mais claras para o leitor moderno. Nos momentos em que isso acontece, há notas de rodapé que alertam para o fato. Inseri colchetes em algumas citações para esclarecer seu significado e/ou contexto.

I

A ÉTICA DO DESEJO

Como filósofo, Aristóteles está preocupado com a visão global das coisas. Sem cair na armadilha da intransigência, ele tenta estabelecer uma filosofia abrangente que integre todos os aspectos do conhecimento humano e, ao mesmo tempo, busque a melhor maneira de abarcar os objetivos de cada um, as certezas às quais cada um se apega e os métodos por meio dos quais podemos alcançar nossas metas.

Pelo que parece, Aristóteles começou ensinando lógica, ou seja: "De que modo a inteligência humana poderia progredir rumo à compreensão da realidade?". Para prosseguir de maneira metódica com essa investigação, fazia-se necessário primeiramente entender o instrumento com o qual o indivíduo estava trabalhando. Aristóteles então observava o mundo físico, o céu, os animais [...] e, então, em um nível mais profundo, prosseguia em sua reflexão para descobrir o que havia além daquele mundo, procurando as primeiras causas para todos os seres e toda a existência, valendo-se de uma forma de averiguação conhecida como Metafísica.

Ao mesmo tempo, nas obras *Política* e *Ética* ele abordou o tema da ação humana. Ele queria investigar o que exatamente possibilitava ao ser humano atingir todo o seu potencial, tornar-se habilidoso e alcançar a completa maturidade. Também queria refletir sobre a natureza de nossa vida em comum.

O que interessava Aristóteles de modo ainda mais apaixonado era seu profundo interesse por seus predecessores, em especial por Sócrates e Platão. Trata-se de uma questão atemporal, algo que preocupa qualquer pessoa que queira aproveitar sua vida por inteiro e também aos pais que desejam orientar seus filhos para que sigam o caminho mais correto, de acordo com valores específicos. Que tipo de educação leva a uma vida que seja completamente humana? O que deveria ser ensinado e de que maneira teria de ser ensinado? Existem ainda implicações sociais e políticas. De fato, a tarefa de qualquer governo é organizar a sociedade de modo que o maior número possível de indivíduos possa viver bem dentro dela.

O que é original a respeito de Aristóteles, e o distingue de seus predecessores, é o desejo que ele demonstra em estabelecer uma ciência moral: a ciência do homem. Essa ciência, diz ele de maneira bem clara, não abriga as mesmas certezas contidas na Metafísica ou na Matemática. Na verdade, essa disciplina possui suas próprias certezas, sobre as quais discorreremos mais à frente neste capítulo. Ela também possui seus próprios métodos.

Descobriremos com Aristóteles, passo a passo e conforme sua própria óptica, de que modo cada um de nós é capaz de nortear sua vida da melhor maneira possível para alcançar a verdadeira maturidade e vivenciar por completo a humanidade.

O ponto de partida da ética aristotélica

Esse ponto de partida é bastante simples: cada ser humano age com o objetivo de alcançar algum bem. Inclinamo-nos em direção a alguma coisa. Caminhamos porque fazê-lo nos dá prazer, nos deixa em forma e nos permite ver coisas interessantes. Estudamos para obter qualificações, as quais, por sua vez, vão nos capacitar para um emprego. O prazer, a saúde, o trabalho são diferentes destinos positivos para nossas ações. Daí a afirmação de Aristóteles: "O bem é aquilo a que todas as coisas tendem". É óbvio que não nos referimos aqui ao "bem" como o oposto do "mal", mas a uma tendência e a um movimento de atração, no sentido de que "algo *se inclina na direção* de 'alguma coisa' e 'o que há de bom nessa coisa'". É a tendência de uma planta se inclinar na direção do sol, na direção do alimento de que necessita; a tendência de crescer e atingir a completude da vida por meio do florescimento e da oferta de frutos. Esse é o seu bem. Trata-se da atração que uma criança pequena sente pela mãe; que prevalece entre um homem e uma mulher etc. Essa tendência, esse ímpeto, denomina-se *desejo*.

Da mesma maneira, nas questões humanas, todas as ações e todas as ciências buscam e desejam o bem do indivíduo. A saúde é o bem que a medicina busca; a vitória é o objetivo da estratégia.

> *Admite-se que toda arte e toda investigação – e, de modo similar, toda ação e toda escolha do ser humano – visem a algum bem; e por isso foi declarado, muito corretamente, que o bem é aquilo a que todas as coisas tendem.* (EN 1094a1-3)

Essa definição poderia fazer com que nós nos perdêssemos. No início, Aristóteles não nos oferece nenhuma indicação do que constitui o bem: o que deveríamos fazer ou o que deveria prevalecer em nossa consciência. Em vez disso, ele observa e revela o que para ele parece ser sua característica mais forte: o bem atrai; ele é desejado. É o bem que se encontra na origem do desejo. Aqueles que buscam por critérios precisos para boas ações poderão muito bem descobri-los como insatisfatórios. Somos tão facilmente enganados em relação ao que é 'bom'! Devemos ver, entretanto, quão profunda é a observação de Aristóteles (ou o *primeiro princípio*, como denominam os filósofos), assim como o modo pelo qual ela já oferece direcionamento para muitas coisas em sua ética.

Isso não é tudo. Não somente "O bem é aquilo a que todas as coisas tendem", mas diferentes "bens" criam uma hierarquia. Desejamos saúde para que possamos estudar. Estudamos para conseguir trabalho. Se encontramos um emprego, o fazemos para ter uma renda, e assim por diante. Há uma motivação principal que está na origem de todas as nossas ações.

> *Se, então, para as coisas que fazemos existe um fim que desejamos por ele mesmo (sendo tudo o mais almejado em prol desse fim), e se não desejamos tudo visando a outra coisa (pois assim o processo se repetiria pela eternidade, de modo que nosso desejo seria vazio e em vão), claramente isso deve ser o bem ou, antes disso, o sumo bem.* (EN 1094a18-21)

Assim, Aristóteles considera,

> *Então o conhecimento disso não exerceria grande influência sobre a vida? Como arqueiros com um alvo em que mirar, não atingiríamos com maior probabilidade o que nos cumpre atingir?* (EN 1094a22-24)

É bem mais fácil focar a visão em um alvo conhecido. A metáfora do arqueiro é pertinente. Hoje, como sempre, muitas pessoas não estão interessadas no alvo, ou seja, no resultado final de suas ações. Elas se deixam levar por aquilo *que todos desejam* – como se a própria família, a sociedade e a mídia determinassem seu desenvolvimento. É óbvio que elas desejam o sucesso, o prazer, o reconhecimento, no entanto não sabem realmente por quê. Elas se envolvem em projetos de curto prazo que as impedem de pensar a respeito do propósito e do significado da vida humana. O que essas pessoas querem? Elas não sabem. A ciência moral existe para nos ajudar a refletir sobre isso. "O que você deseja da vida? Quem você quer ser? Não percebe que você é o responsável por sua própria vida?"

É claro que isso demanda certo grau de maturidade, capacidade de pensar, de questionar-se e, de fato, de querer perceber o próprio potencial enquanto ser humano. Portanto, no que diz respeito a Aristóteles, nem todo mundo pode estudar ciência moral. E é por isso que ele não encoraja os mais jovens a se embrenharem nesse campo. Na verdade, a ciência moral é uma ciência prática; ela culmina em uma escolha concreta na vida. Para Aristóteles, um sistema de ética que permaneceu restrito à esfera do abstrato não seria verdadeiramente uma abordagem ética. Assim, para levar a cabo esse estudo, devemos possuir o desejo de optar pelo bem real; pelo bem principal. Isso requer maturidade. O desejo por si só não é suficiente. Certa experiência de vida também é crucial. E, no caso de muitos jovens, essa experiência é obscurecida pelos desejos e pelas paixões:

> *Desse modo um jovem não é o ouvinte mais adequado para palestras sobre ciência política* [o que implica ética]; *ele é inexperiente nos fatos da vida, e é a eles que nossas discussões referem; além disso, uma vez que o jovem tende a seguir suas paixões, tal estudo lhe será vão e improfícuo, pois o fim almejado não é o conhecimento, mas a ação.* (EN 1095a2-5)

Reflexão sobre esse ponto de partida

Retornemos, portanto, ao ponto de partida para a ética de Aristóteles, uma vez que é ela que determina o que vem a seguir. O que Aristóteles está propondo não é uma ética estabelecida pelas leis, tampouco uma que apareça na forma de um imperativo categórico. Seu ponto de partida é um fato: nós, seres humanos, somos atraídos pelos fins; nós os desejamos, queremos possuí-los, consumi-los; queremos estar junto deles; queremos olhar para eles, contemplá-los e nos deliciarmos com eles. Essa é uma experiência do desejo. O que quer que surja do nosso apetite corporal ou de nossa potência espiritual será sempre uma experiência de atração pelo fim; uma inclinação, um movimento que nos atrai de modo consciente para um fim. Em Aristóteles, o sujeito que age experimenta a ética como a *ética do desejo*.

Desejo: em comparação ao entendimento contemporâneo, em que de modo invariável ele – o desejo – é afetado pela paixão, segundo Aristóteles esse termo possui um significado bem mais abrangente. *Orexis*, para o qual – assim como em muitos outros casos[1] – utilizamos a palavra "desejo", é um vocábulo genérico que, para Aristóteles, engloba não apenas as paixões, mas também a vontade ou o "apetite racional". A experiência pode nos sugerir que os impulsos da paixão não sejam iguais àqueles da vontade. Contudo, Aristóteles usa uma única palavra genérica, *orexis* (ou desejo), para designar a atração que nos faz correr em direção àquilo que percebemos como bom.

Assim, de acordo com Aristóteles, adotar uma abordagem ética pressupõe que nos empenhemos em ouvir o que de fato nos atrai profundamente e em nos familiarizarmos com o tipo de visão que enxerga as coisas como se estivessem se movendo em conformidade com o desejo. Essa visão, muito mais que qualquer senso de lei, é a principal virtude de um indivíduo ético. Contudo, tememos o desejo e os nossos anseios. Temos medo de ir além do que deveríamos; de não sermos capazes de identificar, entre nossos vários desejos, aqueles que são mais profundos e verdadeiros.

Do mesmo modo, uma ética de desejos é algo positivo para nós em um momento em que nos tornamos alérgicos à ética da lei. O respeito pela lei, única e exclusivamente por tratar-se de uma lei, já não funciona – nem para os jovens, nem para os não tão jovens. A lei não pode ser imposta de fora para dentro. E mesmo que se imponha sobre a nossa razão como uma lei universal que nos diz respeito enquanto "seres racionais", ela não exerce necessariamente nenhum impacto sobre as forças mais profundas que impulsionam nossos atos. Hoje as pessoas querem viver, experimentar as coisas. E não só isso, querem que essas coisas as excitem. Aqui Aristóteles vai ao encontro de algumas exigências do sentimento contemporâneo, ao nos levar de volta para a experiência, ao nos convidar para que procuremos internamente aquilo que nos atrai e também para nos capacitar a distinguir o superficial do profundo, a identificar e focar aquilo que se encontra em nosso âmago. Se quisermos nos manter em curso, a ética do desejo deve ser combinada a um senso de discernimento e de escolha, algo de que nossa cultura carece.

Os desejos e o desejo

Assim que começarmos a discorrer sobre a ética do desejo, uma importante objeção ganhará luz: seguir os próprios desejos pode levar as pessoas à devassidão e a um colapso. Temos apenas de observar aqueles jovens que de fato seguem seus desejos e acabam enfrentando transtornos! Não seria isso, na verdade, um pedido de ajuda desses jovens, dos que são incapazes de identificar o desejo fundamental do próprio coração, ou seja, a vontade mais profunda e unificadora que os ajudará a se tornarem completamente humanos?

Sabemos muito bem como é experimentar desejos conflitantes. Ficamos divididos entre direções diferentes. Queremos agradar um amigo, porém, ao mesmo tempo, desejamos permanecer sozinhos e continuar com nossos próprios afazeres. Gostamos de fumar, mas temos medo de destruir nossos pulmões. Desejamos estudar, mas também apreciamos a ideia de ir ao cinema. Afinal, em meio a tantas atrações conflituosas existiria um bem supremo a ser procurado pelo que há de positivo em si mesmo. Haveria um desejo fundamental a nos impelir a buscar outros "bens" para, enfim, conquistar esse desejo básico, ou seja, aquele que governa a todos os demais?

Sim, responde Aristóteles. O que estamos buscando em todas as nossas tentativas, ou o bem supremo que procuramos de maneira tão desastrada, tem um nome: felicidade.

> *Verbalmente, há uma concordância generalizada; tanto os homens comuns quanto aqueles de cultura superior dizem que a felicidade é esse fim e identificam o bem viver e o bem agir com o ser feliz.* (EN 1095a17)

O desejo pela felicidade é a pedra fundamental da conduta humana, observa Aristóteles. Trata-se do objetivo que está acima de todos os demais. Isso significa que a ética dele também é a ética da felicidade. Como agora enfatizam a Psicanálise e a Psicologia modernas, um princípio unificador reside na raiz de nossas ações. Todos os seres humanos, incluindo os doentes ou os que sofrem de deficiências psicológicas, buscam realizar um desejo fundamental, que opera como o marco principal do comportamento de cada um desses indivíduos. Na pessoa ferida – e todos nós estamos feridos – esse desejo pode ter permanecido pueril e ser mantido em um estado de não liberdade, como quando alguém inconscientemente busca a aprovação dos pais em cada escolha que faz, seja no âmbito profissional, seja na escolha do seu parceiro. Com muita frequência, as pessoas vivem por uma ideologia e são incapazes de reconhecer os próprios e mais profundos desejos. O papel da terapia é ajudá-las a descobrir a ideologia que as governa, de modo que sejam capazes de escolher livremente e não mais ser comandadas pelo medo e pela culpa.

Acima e além dessa deficiência psicológica, e até dentro dela, a ação humana pode ser compreendida no desejo pela felicidade que está presente em nosso coração. E sobre esse princípio unificador todos concordam, em menor ou maior grau, no que se refere pelo menos ao nome, se não à constituição. Quando se trata de definir felicidade, as opiniões variam.

> *Mas em relação ao que é felicidade eles divergem, e a maioria não a concebe do mesmo modo que os sábios. Os primeiros acreditam tratar-se de alguma coisa simples e óbvia, como o prazer, a riqueza ou as honras, embora as definições divirjam entre eles – e com frequência a mesma pessoa identifique a felicidade com coisas distintas: saúde, se estiver doente; riqueza, se for pobre. Todavia, conscientes da própria ignorância, esses indivíduos admiram aqueles que proclamam algum grande ideal inacessível à sua compreensão. Outros* [Platão e seus discípulos] *acreditam que além desses numerosos bens há outro que sobrevive por si só e também é a causa da bondade dos demais.* (EN 1095a20-27)

Além disso, devemos reparar que Aristóteles acredita na natureza em geral, e, particularmente, na natureza humana. Se em cada ser humano existe um desejo pela felicidade, então ela é possível. A natureza não é um gênio maligno que nos faz enxergar miragens inacessíveis. A natureza é boa. Ela não faz nada em vão. Assim como a semente plantada no solo nunca deixa de produzir flores e, então, frutos, os seres humanos também podem progredir e alcançar a felicidade – não sem fracassos, no caso deles –, desde que a identifiquem, procurem por ela, façam boas escolhas e compreendam que essa busca poderá levar toda uma existência.

Para algumas pessoas, a ideia de uma busca deliberada e consciente pela felicidade não pode ser tida como certa: isso abre espaço para certo sentimento de culpa. Nesse caso, elas perguntam a si mesmas: "Será que eu tenho o direito de buscar a felicidade enquanto tantas pessoas estão infelizes e sofrendo?". Trata-se de uma culpa ainda mais paradoxal pelo fato de, na mente contemporânea, ser capaz de coexistir confortavelmente com a procura pelo prazer. Aqui, mais uma vez, Aristóteles nos ajuda a refletir e avaliar o que de fato desejamos. Seria estranho se um homem se recusasse a exercer sua missão como ser humano – missão da qual depende sua própria vida e que se revela seu bem mais precioso – e se colocasse à mercê de seus impulsos.

O que consideramos ser a felicidade?

O que as pessoas dizem a respeito da felicidade? Onde buscam por ela? No prazer, na riqueza, na honra: nenhuma área, adverte Aristóteles, pode ser desconsiderada. Em nossa cultura consumista, a busca por posses e prazer é quase um hábito. E tantos de nós lutamos por honra, tão ávidos que somos pelo reconhecimento. Entretanto, o que os sábios têm a nos dizer? Deveríamos abrir mão de todas essas coisas materiais e projetar nossos desejos sobre um plano mais elevado? Considerando todas as formas de sabedoria espiritual centradas na interioridade, não faltam nomes ao longo da história que defendem a supressão dos desejos como uma condição para a felicidade. Hoje, entretanto, Platão e, de modo mais específico, os estoicos, parecem representar menor oposição a Aristóteles que certos místicos orientais. A união com o bem interior é menos atraente do que a promessa de supressão do estresse por intermédio do vazio interno.

Contudo, não faz parte do estilo de Aristóteles ignorar as realidades deste mundo e prosseguir de maneira demasiadamente célere para as coisas do espírito. Ele analisa a opinião das pessoas comuns, que não separam suas aspirações à felicidade do prazer, da riqueza, da honra. E o que ele descobriu em sua época ainda se aplica aos nossos dias.

Consideremos o prazer: você não precisa ser um sensualista desenfreado para reconhecer os tipos de felicidade e de vida associados ao prazer. Trata-se de uma visão observada prontamente no homem que segue para o trabalho, constrói sua casa ou cuida de sua família. Ele acredita que existem coisas que trazem trabalho e dificuldades, assim como outras que promovem felicidade e os prazeres da vida, as quais podemos experimentar nas férias ou na aposentadoria: viagens, companhia agradável, boa comida, a última moda. Em suma, divertindo-se. Todavia, se pensarmos nisso de maneira apropriada [...]

> *[...] seria estranho, de fato, se o fim fosse a diversão, e um indivíduo tivesse de enfrentar problemas e dificuldades ao longo de toda a vida para alcançar o divertimento [...]. Esforçar-se e trabalhar em busca de divertimento parece tolo e até infantil. Todavia, divertir-se para que possa esforçar-se [...] soa correto; pois a diversão é um tipo de relaxamento, e precisamos de relaxamento, uma vez que* não podemos trabalhar incessantemen-

> te. O relaxamento não é, portanto, *um fim; ele ocorre pelo bem da própria atividade.*
>
> *Considera-se que a vida feliz é virtuosa;*[2] *ora, uma vida virtuosa demanda esforço e não consiste em divertimento. E dizemos que as coisas sérias são melhores que as divertidas e/ou aquelas associadas ao divertimento; e que a atividade da melhor entre duas coisas [...] é a mais séria; porém, a atividade da melhor é* ipso facto *superior e está mais associada à natureza da felicidade.* (EN 1176b28-1177a7)

Outro eixo da busca pela felicidade é a honra. A procura pela honra é, primariamente, uma característica de pessoas cultas.

> *Indivíduos de refinamento superior e índole ativa identificam a felicidade com a honra; pois ela é, grosso modo, a finalidade da vida política.* (EN 1095b22)

Na categoria de políticos, podemos incluir pessoas poderosas no geral, todos aqueles em posição de autoridade nos âmbitos econômico, financeiro e/ou religioso. A busca pela honra também pode afetar os homens da ciência. É como se, quanto mais elevada fosse sua posição, mais eles se sentissem tentados a receber demonstrações visíveis de reconhecimento. Quão mais nobres suas realizações, mais eles se sentem seduzidos pela admiração alheia. Na Grécia antiga, uma estátua era erguida em homenagem a esse indivíduo; na atualidade, uma rua, biblioteca ou um prédio público recebe seu nome ou lhe é concedida alguma distinção dessa ordem. Tanto esforço por sinais visíveis de respeito; outras pessoas podem estar mais interessadas em fama ou sucesso. Toda a energia delas direciona-se a conquistar um lugar no coração dos que as cercam ou do seu "público", a serem admiradas, a cultivar a própria imagem.

> *Entretanto, parece demasiadamente superficial tornar-se aquilo que buscamos, uma vez que isso depende mais daqueles que conferem a honra do que de quem a recebe. Enquanto o bem nos parece ser algo próprio de um indivíduo; algo do qual ele não possa ser facilmente privado.* (EN 1095b24-26)

É aí que reside a limitação da honra: ela depende de outras pessoas para existir. A felicidade não dependeria mais de nós mesmos?

Quanto ao acúmulo de riqueza – do lucro apenas pelo lucro propriamente dito –, ele nos afasta ainda mais da ideia que fazemos da felicidade, uma vez que a riqueza existe para garantir outras coisas: poder, apreço, prazer, amigos etc., que não têm o valor de um *fim ulterior*. Seria a remoção desses "bens" suficiente para extirpar de nós a felicidade? A felicidade não seria algo mais profundo?

> *A vida dedicada ao ganho é uma vida vivida por obrigação, e a riqueza, evidentemente, não é o bem que buscamos; ela apenas se revela útil para a obtenção de alguma coisa a mais.* (EN 1096a6)

O bem ou a felicidade devem ser procurados em outra direção. Devemos confiar em nossa intuição: a felicidade é algo mais profundo dentro de nós; algo que não pode ser furtado como um objeto qualquer; também é uma realidade autossuficiente, pois é o maior objetivo – aquele final e perfeito – dentre todos os nossos desejos; é aquele para o qual direcionamos todos os nossos esforços.

Chamamos aquilo que é digno de ser buscado por si mesmo mais absoluto do que aquilo que merece ser buscado tendo outra coisa em vista, e aquilo que nunca é desejável no interesse de outra coisa mais absoluto do que as coisas desejáveis tanto em si mesmas como no interesse de uma terceira; [...] a felicidade. Esta vem acima de tudo; a ela sempre escolhemos pelo que representa em si, jamais por outro motivo. Escolhemos o respeito, o prazer, a razão e a virtude não apenas por enxergarmos neles o que realmente são (afinal, se nada resulta deles, ainda assim devemos nos imbuir de todos), mas também pela felicidade, julgando que por meio desses princípios nós a encontraremos. Em contrapartida, ninguém escolhe a felicidade por conta do prazer, do respeito, da razão e de outras virtudes, e, em geral, tampouco por qualquer outra coisa que esteja além dela própria. (NE 1097a30-b7)

Isso leva Aristóteles a afirmar que a felicidade é autossuficiente, o que significa que ela não é buscada graças a qualquer outro elemento.

Define-se agora autossuficiente aquilo que, mesmo isolado, torna a vida desejável, sem que nada lhe falte; e acreditamos que a felicidade seja assim. (EN 1097b14-16)

O que é esse bem supremo?

Precisamos compreender um pouco melhor o que é felicidade e saber no que ela consiste.

Uma explicação mais clara do que é felicidade ainda se faz necessária. Ela poderia ser dada desde que fosse possível determi-

nar, primeiro, a função do homem. Pois, assim como para um flautista, um escultor ou qualquer artista – e, em geral, para todas as coisas que têm uma função ou atividade –, considera-se que o bem e o "bem-feito" residem em sua função; o mesmo se aplicará ao homem, se ele tiver uma função. (EN 1097b21-27)

O homem tem em si mesmo uma função ou atividade? Disso não há nenhuma dúvida.

Então o carpinteiro e o curtidor têm funções ou atividades, mas o homem propriamente dito não tem nenhuma? Terá ele nascido sem função? Ou, assim como o olho, a mão, o pé e cada parte do corpo exerce um ofício, poder-se-ia dizer que o homem tem alguma função que vá além daquela de cada membro isolado? Qual então seria ela? (EN 1097b28-33)

Isso nos leva à definição de felicidade de acordo com Aristóteles.

A atividade, ou função, que distingue o homem deveria ser procurada em conexão com aquilo que lhe é peculiar; com aquilo que o define de modo particular e específico. Aristóteles, assim como todos os demais gregos da antiguidade, via o homem como um ser presenteado com o dom da razão (*logos*). Sua atividade é "a obediência à razão" ou o "o exercício do pensamento". Portanto, a serventia do homem é uma "atividade da alma em conformidade com a razão". E essa atividade deve ser bem realizada e excelente, ou seja, "uma ação da alma conforme a virtude, e, se houver mais de uma virtude, de acordo com o que for melhor e mais completo". (EN 1098a7-17)

O que devemos entender dessa definição?

Toda a ética da felicidade é governada por três palavras: *logos*, *virtude* e *atividade*. A felicidade, afirma Aristóteles, é uma atividade em conformidade com o *logos*. Se interpretarmos *logos* como "razão" ou "regra," isso torna sua ética bastante racional! Devemos, portanto, aprofundar o significado da palavra. Na cultura grega de sua época, era um vocábulo repleto de significados que não pode ser traduzido em uma única palavra. "De todas as palavras na Ética, *logos* é a mais difícil de traduzir", escreve W.D. Ross em sua excelente tradução dessa obra.[3]

Logos

Para Aristóteles, o que define o ser humano – o que o distingue dos animais – é a razão; o *logos*. O homem é um animal racional, capaz de refletir e pensar. Talvez em nossos dias a diferença entre animais e seres humanos tenha de algum modo se tornado obscura. Falamos sobre a inteligência dos golfinhos e sua capacidade de se comunicar entre si; discorremos sobre a vida em comunidade das abelhas, sobre a inteligência e a generosidade dos gatos e dos cães. Certamente existe afeição e comunicação entre alguns animais, mas o homem, sozinho entre todos eles, busca, progride, desenvolve-se e está em constante movimento na direção de algo mais. Por séculos, vacas têm sobrevivido nos campos, pastando na grama. Seus olhos carecem de profundidade; neles reside pouca aflição. Em contrapartida, os seres humanos mostram-se deveras angustiados. Eles estão constantemente à procura das chaves para a felicidade.

Em *Elogio da loucura*, Erasmo diz que o ser humano é o mais desastroso entre todos os animais, pois, enquanto todos os outros aceitam viver dentro dos limites que a natureza lhes impõe, só os humanos tentam exceder as próprias fronteiras. Não é esse o drama do homem em busca do infinito, do "cada vez mais" – cada vez mais poder, mais riqueza, mais amor e mais liberdade, mais compreensão sobre a vida e sobre Deus? Não é essa sede pelo infinito que impulsiona a humanidade, geração após geração, a seguir adiante, a fazer novas descobertas, a se desenvolver rumo ao novo, de um modo que (assim ele, o ser humano, crê) lhe seja possível transcender o sofrimento e a morte?

Para apreciar essa distinção tão peculiar ao homem, não podemos nos restringir à visão darwiniana, que se limita à análise do aspecto biológico. Devemos contemplar o homem pela perspectiva de seus frutos, de suas ações e do seu trabalho. Cada ação do ser humano apresenta a insígnia do desejo pelo infinito, até do desejo pelo poder e pelo prazer perpétuos. Essa é a prova de que há algo especial a respeito do homem que o torna homem. Aristóteles chama esse diferencial de *logos*.

Para os gregos antigos, *logos* também significava a teoria, a ciência ou a definição de uma realidade e, inclusive, a palavra escrita ou falada que a denotava. No entanto, se *logos* significa definição é porque as coisas são cognoscíveis. Então, ao ampliar o pensamento de Aristóteles e expressar de modo explícito as verdades contidas no que ele enuncia, podemos dizer que o *logos* está intimamente relacionado à luz em cada ser humano que permite a ele ser conhecido; algo que capta a *inteligibilidade* ou o significado de cada ser. Esse *logos* não é apenas uma definição formal. Em nível mais profundo, trata-se do reflexo da luz sobre tudo que advém não apenas daquilo que é, mas também das origens e fins aos quais tende. É por isso que Aristóteles nos diz em suas obras que "a causa final é o *logos* e o *logos* é o ponto de início" (De Part. 639b15), pois é a partir do ponto de observação da causa final – a razão pela qual algo é feito – que alguma coisa pode ser compreendida de maneira adequada. Para compreender o *logos* de uma folha, por exemplo, precisamos saber o que ela é, do que é feita, como surge no galho, como é nutrida pela terra e pelas raízes, como capta os raios do sol e emite gases para o universo. Precisamos saber de que modo todas as folhas e todas as árvores exercem um efeito sobre o clima de um local e, finalmente, como cada folha cai, alimenta a terra depois de ter sido nutrida por ela e permite que animais e humanos vivam. A folha segue o movimento contínuo da vida rumo à morte, e da morte rumo à vida. O *logos* da folha – e, portanto, de todas as coisas – é muito mais que uma definição racional. É uma folha em sua relação com a árvore, com a terra, com o sol, com o clima e com as outras criaturas viventes. O *logos* implica uma visão real do mundo e busca por isso.

Contudo, o *logos* também é aquilo que nos permite captar a luz em outras coisas, conhecê-las, entendê-las e compreender as diferentes causas de sua existência. É a inteligência, na medida em que é a luz capaz de captar o que é luminoso nas coisas, a inteligência que busca contato íntimo com a realidade. O *logos* está próximo da mente, sem ser frio ou puramente intelectual. Ao seu comando, todo o nosso ser – incluindo nossas forças sensoriais e afetivas – atira-se em direção ao real, confiante de que esse esforço não será em vão. Esse movimento que nos carrega para fora é muito diferente de um conhecimento que procede do interior, como afirmado por Platão, que estava convencido de que o bem deve ser buscado dentro de cada um. É bem diferente do esforço direcionado à consciência do ser.

Logos é simultaneamente a inteligência (*nous*, em grego) que capta os princípios de maneira intuitiva e a inteligência discursiva que racionaliza com base em princípios. Assim, *logos* é uma luz que nos possibilita comtemplar, compreender, considerar, ordenar, nomear, controlar e regular. *Logos*, portanto, não é mais apenas a inteligência discursiva à qual denominamos razão; é o princípio dentro de nós que nos permite compreender e governar a nós mesmos. Ele se manifesta como uma luz, que também é uma regra. Se nos referirmos ao texto em que Aristóteles diz que o *logos* é o final, ou seja, a causa principal, aquela que confere a alguma coisa seu significado supremo, também poderemos dizer que o *logos* é a luz que nos permite realizar todo o nosso potencial para alcançar nossa finalidade, por meio do exercício da atividade mais nobre ou de qualquer outra conforme a luz, que então se torna a regra ou a lei que leva a esse fim.

Portanto, a definição de homem como "um ser que possui *logos*" poderia ser mais fielmente explicada como "um ser que possui luz interior capaz de captar a luz nos outros e, por conseguinte, tornar-se autônomo e voltar a si mesmo para a luz". *Luz* aqui não deve ser definida por sua conotação mística, mas por algo que é luminoso para a mente, como quando dizemos que ela – a mente – foi iluminada, com o sentido de que finalmente compreendemos alguma coisa.

E a definição de felicidade como "atividade em acordo com o *logos*" torna-se aquela no homem que é mais admirável e preeminente, emergindo da luz que reside dentro dele. Como tudo isso, no entanto, poderia ser transmitido em apenas poucas palavras? Essa é a dificuldade em qualquer tradução.

Virtude

Para compreendermos melhor a felicidade como "uma atividade que deriva do *logos* conforme a virtude", também precisamos entender a palavra virtude, que aparece constantemente na ética aristotélica. Na cultura contemporânea, a palavra ostenta uma ressonância negativa. Não existe algo levemente rígido a respeito de pessoas virtuosas? Não seriam elas inclinadas a se restringirem pelas leis e não muito divertidas?

De acordo com Aristóteles, a virtude é uma capacidade humana de agir bem, pensar bem e produzir um bom trabalho. Ela representa excelência. Para ser um bom tocador de cítara é preciso aptidão musical; é preciso aprender a tocar o instrumento e praticar. Somente quando é capaz de tocar a cítara de maneira competente, com facilidade e prazer, você adquire a virtude de ser um tocador de cítara. Antes de alcançar essa virtude talvez você consiga tocar, mas não com o grau de facilidade que torna essa prática um hábito. Para Aristóteles, as virtudes intelectuais vêm em primeiro lugar: os princípios da arte, da ciência, da prudência, da sabedoria e da inteligência. Possuir essas virtudes intelectuais é uma questão de desenvolver capacidades intelectuais e de atingir a excelência nesse domínio. No entanto, isso não é tudo. Para ser humano de verdade e levar uma vida completamente humana, precisamos de certa substância ou estrutura interna para nos fazer agir com correção, respeitar os direitos dos outros, ser mestres de nós mesmos, dizer a verdade, ser justos e honestos.

> *Pois nenhum homem se dirá feliz se não abrigar dentro de si uma partícula de coragem ou temperança ou justiça ou prudência; se tiver medo de cada inseto que passe por ele; se cometer qualquer crime, independentemente de sua gravidade, para aplacar sua necessidade de carne ou bebida; se sacrificar seu melhor amigo apenas por uma migalha; e se for tão fraco e falso em sua mente como uma criança ou um louco.* (Pol. 1323a27-33)

Essa estrutura interna que nos salva da total desintegração é a virtude moral e também é considerada uma excelência. Um homem pode realizar um ato de coragem sem possuir toda a virtude da coragem. A virtude é uma excelência que permite que ele aja de maneira corajosa com certa facilidade e prazer. Ele é de algum modo atraído para a coragem. A felicidade, então, "uma atividade que deriva do *logos* conforme a virtude", significa que a pessoa adquiriu certo conhecimento, o praticou e agora pode agir de maneira humana, com um grau de excelência, facilidade e prazer. Esse é o domínio da virtude humana ou da ética.

A felicidade como uma atividade

Na definição de Aristóteles, a felicidade não é, portanto, um estado, mas uma atividade vital que vem de dentro de cada ser humano. A felicidade, para Aristóteles, não é alguém que de maneira tranquila e confortável aprecia suas posses, que está contente com sua família, seu trabalho, seu sucesso, sua riqueza e sua boa reputação, tampouco que esteja satisfeito consigo mesmo. Felicidade é uma atividade vital que traz imenso prazer e é vida. É a atividade plenamente prazerosa de alguém que está voltado por completo – com toda a sua inteligência e todo o seu ser – para o que é mais nobre e maior que ele próprio. Entretanto, essa vida no sentido de atividade exige, primeiramente, que trabalhemos em nós mesmos. Isso envolve estudo e disciplina.

Devemos lembrar aqui que, para Aristóteles, existem duas formas de atividade: uma externa, voltada para a criação de um objeto fora de um ser (a produção de um livro, a manufatura de um objeto, a criação de uma peça de arte), e outra interna, cujo prazer não deriva daquilo que ela produz, mas da atividade em si mesma. É por isso que alguns artistas discorrem sobre o êxtase que experimentam enquanto estão escrevendo uma poesia ou pintando um quadro. Quando o trabalho chega ao fim, eles às vezes se sentem desapontados. Essa atividade artística não é um ato completamente interno porque um objeto é produzido ao longo do processo, mas chega bem perto disso. Para Aristóteles, a mais perfeita atividade interior é a busca pela contemplação, a visão da verdade. Veremos isso no Capítulo 3.

A felicidade como atividade vital toca numa questão moral importante hoje. Será a vida humana meramente uma questão de ser bem-sucedido, de realizar seu trabalho e executar bem as obrigações cívicas e familiares? A felicidade humana repousa na consciência de que vivemos bem, somos honrados, e estamos cercados por familiares e amigos? Para alguns, não estaria hoje a felicidade associada a atividades excitantes e momentos de exaltação e entusiasmo? A vida cotidiana pode parecer bastante sombria, repetitiva e enfadonha. E quando ela não nos brinda com momentos excitantes, às vezes tentamos encontrá-los no consumo frenético de comida, bebida, álcool ou drogas, por exemplo. É claro que devemos trabalhar; é óbvio que é preciso haver ordem, é necessário que cumpramos com nossas obrigações. A felicidade, porém, não deveria ser encontrada em alguma atividade prazerosa?

A visão de Aristóteles é a de que devemos elevar nossos objetivos. Precisamos encontrar aquela atividade vital oriunda das profundezas do nosso ser e que nos proporciona imenso prazer. Ela deriva não apenas do trabalho que realizamos, mas da própria atividade, originando-se dentro de nós. A felicidade não está na capacidade de agir, mas na experiência da vida vivida em sua plenitude. É isso o que promove uma imensa alegria. Falaremos mais sobre isso ainda neste capítulo, juntamente com a natureza do prazer e da felicidade segundo Aristóteles.

Prazer de viver

A genialidade de Aristóteles consiste em ter reconhecido o prazer de viver associado com a nossa consciência de atividade. A passagem a seguir sobre amizade indica que essa imensa alegria não é apenas aquela derivada do alcance do objeto do nosso desejo, mas do prazer de sentir-se vivo e de existir por meio de uma atividade.

> *Mas se a vida em si mesma é boa e prazerosa (o que parece ser verdadeiro pelo simples fato de todo homem desejá-la, particularmente aqueles que são bons e muito felizes; pois para esses homens a vida é mais desejável que para outros e sua existência é absolutamente feliz); e se aquele que vê percebe que vê, e o que ouve percebe que ouve, e o que caminha percebe que caminha, e, de modo similar, em qualquer outra atividade existe algo que nos faz perceber que estamos agindo, de maneira que, se percebemos, nós percebemos que percebemos, e se pensamos, percebemos que pensamos; e se perceber que percebemos ou pensamos é perceber que existimos (uma vez que a existência é definida como percepção ou pensamento); e se perceber que vivemos é, em si mesmo, uma das coisas mais prazerosas (pois a vida é, por sua própria natureza, boa, e é prazeroso perceber em si mesmo a presença do que é bom); e se a vida é desejável, e particularmente desejável para os homens bons, pois, para eles, a existência é boa e prazerosa (pois eles estão felizes em sentir presente neles aquilo que é bom em si mesmo); e se o homem virtuoso é para si, ele também o é para seu amigo (pois seu amigo é outro "eu"); – se tudo isso for verdadeiro, assim como seu próprio ser é desejável para cada homem, assim, ou quase assim, é o do seu amigo [...]* (EN 1170a24-b5)

A consciência do ser aqui referida não é aquela de se ter vivido bem, trata-se de uma experiência de vida. Como veremos, essa atividade vital sempre visa a um objetivo; um objeto que é observado, amado e contemplado. Não é apenas consciência de nós mesmos, de nossa vida ou de nossa existência, mas consciência do fato de o nosso ser estar orientado para o outro ou para a verdade contemplada. É como se o prazer se duplicasse: é a felicidade da presença do objeto visto e contemplado, e também aquela de sentir que vivemos e existimos dentro e através dessa união com o objeto que é buscado e amado. Estamos muito distantes da consciência do ser buscada por algumas filosofias modernas, ou mesmo da consciência do ser pelo vazio encontrado em algumas formas de misticismo oriental. Talvez exista uma forma de consciência do ser que possa ser encontrada no vazio, mas essa não é a óptica de Aristóteles. Para ele, a consciência do ser deriva da presença do objeto do desejo.

Para realizar todo o seu potencial, ser completamente vivo e estar consciente de viver e existir, o homem precisa de um objeto que esteja fora dele. Isso ocorre porque o homem não é perfeito em si mesmo. Ele é parte integral do mundo. Ele não é todo o universo. Ele não é Deus. Ele não pediu para nascer e tem grande dificuldade em aceitar o fato de que tem de morrer e desaparecer. Ele concebeu sua existência, seu corpo, sua inteligência, e é pelo seu corpo e pelos seus sentidos que ele se relaciona com o universo e com os outros, pois, para Aristóteles, todo o conhecimento vem inicialmente dos sentidos. O homem está situado em uma realidade na qual ele possui uma necessidade vital. Ele não criou o que é real; ele é chamado a conhecê-lo, a compreendê-lo, a vê-lo e a contemplá-lo. Ele também pode modificar, exercer um efeito sobre essa realidade, mas somente dentro de certos limites que a respeitem.

A ética aristotélica é estabelecida dentro da visão dele do mundo. Pelo fato de o homem ser um corpo, ele está sujeito a mudanças, à fadiga, a doenças, à morte e a todos os milhares de exigências para que seu corpo e sua alma funcionem bem. A felicidade não é, portanto, algo que possa ser separado do corpo; ela implica uma integração entre o corpo e suas fraquezas. É aí que Aristóteles se afasta de seu mestre e amigo Platão, para quem a alma busca separar-se do corpo para restituir a ideia do bom. Aristóteles é um realista.

> *Como explicar, então, que ninguém esteja sempre contente? Será porque ficamos enfastiados? Certamente, todos os seres humanos são incapazes de uma atividade contínua.* (EN 1175a3-4)

A felicidade em si mesma, porém, exige atividade constante, pois não está em lugar nenhum além da própria atividade. E, por essa razão – entre outras –, a atividade contemplativa constitui felicidade. De maneira paradoxal, trata-se da atividade menos cansativa entre todas.

> *É a mais contínua, uma vez que podemos contemplar a verdade de maneira mais contínua do que podemos fazer qualquer outra coisa.* (EN 1177a22-23)

Bios e Zoe

Na "atividade vital" há *vida*. O que normalmente fazemos, entretanto, nem sempre é uma expressão de vida, e nem sempre exala grande vitalidade. Nossa vida nem sempre é estabelecida em um ritmo realmente vibrante. Como então esse desejo por imensa felicidade pode ser reconciliado com a vida cotidiana e todas as suas muitas funções, com nossa família e nossa vida social, nossa educação e nosso trabalho? A genialidade de Aristóteles está em sua associação entre a atividade vital e suprema e a própria existência do ser.

Em grego, existem duas palavras para vida: *bios* e *zoe*. *Bios* significa vida como um todo; os diferentes estados e as diferentes formas de vida. (*Bios* não se refere de modo nenhum à vida animal, como a palavra "biologia" pode nos levar a pensar. Essa conexão etimológica seria equivocada neste caso.) Daí a maneira como Aristóteles a usa quando se refere à felicidade como a melhor atividade "em uma vida [*bios*] completa" (EN 1098a18). Ele utiliza o mesmo termo ao referir-se à vida política (*bios politicos*) ou à vida contemplativa (*bios theoretikos*), mas, no caso da atividade vital, ele emprega *zoe*. *Zoe* é aquilo que dá a vida, nos torna vivos, nos faz querer viver, crescer e existir. "A vida [*zoe*] parece ser comum até nas plantas" (EN 1097b33).

Pode ocorrer que toda a nossa vida seja ocupada pela atividade vital. Uma vez que o homem tenha descoberto e testado o fato de que a felicidade está em uma atividade perfeita cujo objetivo é a realização ou a contemplação do objeto mais perfeito possível, ele poderá direcionar toda a sua vida (*bios*) para essa atividade jubilosa e vital (*zoe*). Ele orienta sua vida de maneira que alcance a perfeição, seja por uma atividade puramente intelectual, seja por um papel político, ajudando seus amigos cidadãos a alcançar a felicidade. Ele também terá sua vida familiar, seu trabalho na sociedade e seus amigos, e tudo será orientado para certos momentos de atividade jubilosa.

Isso não quer dizer que ele não apreciará uma boa comida, seu trabalho na sociedade, sua vida familiar ou seus amigos. Aristóteles não deixa de lado o fato de que esses bens intermediários são desejáveis e proporcionam alegria e real esplendor. Eles representam valores humanos reais e importantes, mas, em última análise, são orientados para a atividade principal de excelência.

Essa distinção entre *bios* e *zoe* não está desvinculada daquilo que existe entre um fim intermediário e o fim último.

> *Para nós está claro pelo que foi dito que a felicidade está entre as coisas que são mais estimadas e perfeitas. Assim o parece pelo fato de tratar-se de um primeiro princípio; é em função dela que fazemos tudo o que fazemos, e o primeiro princípio e causa dos bens é, afirmamos, algo de estimado e de divino.* (EN 1102a1-4)

Recentemente, alguém me falou a respeito do chefe de RH de uma grande empresa norte-americana. Esse indivíduo desejava tornar todos os que trabalhavam com ele e dependiam dele tão felizes quanto fosse possível. Ele então enviou uma carta a cada funcionário perguntando, entre outras coisas, que atividades mais lhes interessavam, o que os fazia sentir-se mais vivos, o que proporcionava mais prazer e era mais valioso para cada um. Dessa maneira, ele ajudou sua equipe a perceber que todas as atividades paralelas ganhavam significado como resultado da atividade principal e também a organizar a vida pessoal em conformidade com ela. Ao verificarmos que algumas atividades enfadonhas podem nos ajudar a conhecer outra mais interessante, daremos significado à nossa vida como um todo, e elas se tornarão menos tediosas e irritantes. Sem percebê-lo, esse homem estava aplicando os métodos de Aristóteles.

Se a felicidade deve ser encontrada em alguma atividade maravilhosa, ela também é o fruto de toda uma vida. É a

> *[...] atividade da alma em conformidade com a virtude, com a melhor e mais completa virtude. Mas é preciso acrescentar "numa vida completa". Uma andorinha não faz verão, tampouco uma estação se define apenas por um único dia. Ou seja, um curto período de tempo não faz um homem feliz e venturoso.* (EN 1098a18-20)

Isso nos permite ampliar nossos horizontes. Se a vida é uma realização de longo prazo, o ser humano tem tempo para aprender. Isso é algo para tranquilizar o homem contemporâneo, obcecado como se encontra pela ação. Uma avaliação moral somente pode estar completa se levar em conta toda uma existência.

Portanto, não se trata de nos colocarmos alegremente em um esplêndido estado de isolamento, mas de trabalhar junto com os outros – e para eles. Quando se diz que a felicidade é autossuficiente, [...]

> *[...] não nos referimos a algo que seja suficiente para um homem só, para alguém que vive uma vida solitária, mas também para os pais, os filhos, a esposa e, em geral, para os amigos e concidadãos, uma vez que o homem nasceu para a cidadania.* (EN 1097b7-10)

Mais ainda, Aristóteles aponta para o fato de que não deveríamos viver (*bios*) a qualquer custo. Nossa existência deve ser vivida (*zoe*) e vivida intensamente, "porém alguns atos talvez não possamos ser forçados a praticar, preferindo enfrentar a morte entre os mais aterrorizantes sofrimentos" (EN 1110a27). Estaria ele pensando em Sócrates, que aceitou a morte em vez de se submeter a um julgamento iníquo que ia contra a própria consciência?

> [O homem bom] *enfrentará os grandes perigos, e nesses casos não poupará a própria vida, ciente de que há condições em que não vale a pena viver.* (EN 1124b8)

> *É fato que o homem bom pratica muitos atos em prol de seus amigos e de sua pátria, e, se necessário, dá a vida por ambos; ele abrirá mão de riqueza e honras, e, em geral, dos bens que são objetos de competição, ganhando para si a nobreza; uma vez que prefere um breve período de prazer intenso a outro bem mais longo de prazer mediano; doze meses de uma vida nobre a muitos anos de uma existência insípida; uma só ação nobre e grandiosa a inúmeros atos triviais. Ora, os que morrem pelos outros sem dúvida alcançam tal resultado.* (EN 1169a18-25)

Seria a felicidade uma dádiva de Deus?

A felicidade parece abrigar uma qualidade frágil. Podemos trabalhar nisso, mas algumas coisas como boa ou má sorte parecem não depender inteiramente de nós. Não se trata apenas de ter sorte em relação a dinheiro e posses. É fato que as pessoas não nascem iguais. Temos diferentes habilidades, disposições e dons; a saúde varia de um indivíduo para o outro; temos famílias e educação diferentes. Esses são todos os fatores que parecem condicionar nossa felicidade. Como posso me desenvolver tanto quanto possível se não tive acesso à educação necessária?

> *Por essa razão a seguinte pergunta é levantada, ou seja: a felicidade deve ser adquirida pela aprendizagem, pelo hábito ou por algum outro tipo de treinamento; ou, quem sabe, surgir da providência divina ou do acaso. Ora, se existe alguma dádiva*

> *dos deuses para os homens, é razoável supor que a felicidade seja uma delas, pois, dentre todas as coisas divinas, a felicidade é a melhor.* (EN 1099b10-14)

Aristóteles admite que os deuses podem ser diretamente responsáveis por nossa boa sorte, o que também a tornaria segura e garantida, mas ele – Aristóteles – se recusa a identificar a felicidade puramente com boa sorte.

> *Obviamente, se tivéssemos de acompanhar o ritmo da sorte de um indivíduo, deveríamos com frequência chamar a esse mesmo homem ora de feliz, ora de miserável, transformando-o em um "camaleão, cuja felicidade não é segura tampouco garantida". Ou acompanhar o ritmo de sua sorte é errado? O sucesso ou o fracasso na vida não depende disso; a existência humana, como já dissemos, precisa disso como mera adição, enquanto atividades virtuosas ou não virtuosas são o que constituem a felicidade ou o oposto dela.* (EN 1100b4-10)

Em seu livro *Introdução à filosofia de Aristóteles*, Marie-Dominique Philippe escreveu sobre como a felicidade é parcialmente adquirida, parcialmente originária de uma dádiva divina e parcialmente objeto do acaso; e sobre como a atividade virtuosa é o fruto do trabalho humano, enquanto os bens da natureza e os bens exteriores parecem depender da graça divina e do acaso.

A palavra para felicidade no grego é *eudaimonia* (eudemonia), e é difícil traduzir seu significado, uma vez que ela é tão repleta de conteúdo. A raiz da palavra *eudaimonia* é, na verdade, *daimon*, que originalmente significava "o deus que distribui o bem". Foi uma progressão natural de "aquele que distribui as porções" para as próprias porções. O *eudaimon* é, portanto, aquele que recebeu "uma boa parte" distribuída pela divindade. Como em Heráclito, por exemplo, "a boa parte" pode se referir ao caráter em vez de a algum evento favorável ou à posse de bens materiais.

> *O caráter é o destino* (daimon) *de cada homem.* (Heráclito, Fr. 119)

> *Do tipo de alma que nos domina, é necessário notar que é Deus quem dá a cada um de nós um daimon.* (Platão, *Timeu*, 90A)

Aristóteles faz pouco usa da palavra *daimon*, mas compartilha com seus predecessores a ideia de esse elemento de sorte ser indispensável à felicidade: indispensável, mas não suficiente em si mesmo. Não é o bastante depender somente de um caráter bem-nascido, de talentos ou de uma circunstância auspiciosa. Cada homem deve trabalhar sua alma rumo à virtude, ou seja, atingir o maior desenvolvimento possível como ser humano no nível de seu caráter e de sua inteligência. Se a palavra *eudaimonia* originalmente tinha uma conotação passiva – em que se recebe uma porção boa ou ruim –, ela gradualmente assumiu o sentido de certa atividade: ser bom ou mau é nossa responsabilidade.

Para compreender Aristóteles, precisamos ter em mente o significado preciso que ele atribui às palavras "felicidade" e "infelicidade". Felicidade é atividade perfeita; infelicidade surge de atividade ruim. E para experimentar atividade alegre e gratificante, devemos ter feito escolhas claras para orientar nossa vida rumo a uma direção específica: aquela de se tornar completamente humano.

Conclusão: Os princípios e os métodos da ética

A definição de Aristóteles para felicidade é clara: uma atividade de *logos*, aperfeiçoada pela virtude. Toda a sua ética deriva dessa verdade. Entretanto, como Aristóteles chegou a isso?

Para criar seu sistema moral, Aristóteles confiou na opinião de sábios e de homens comuns. Para saber o que é bom para o homem, perguntemos a eles; não nos concentremos em teorias e/ou ideologias, mas em fatos. Ouçamos os homens, em especial aqueles considerados mais sábios e mais humanos.

> *Dizemos que aquilo que todos pensam é a verdade: e o homem que atacar essa crença dificilmente terá algo mais digno de crédito capaz de substituí-la.* (EN 1172b39-1173a4)

> *Pois ninguém que estivesse em seu juízo perfeito faria uma proposição de algo que ninguém admite, nem tampouco consideraria um problema algo que é evidente para todos ou para a maioria: pois o último não admite dúvidas, enquanto com a primeira ninguém concordaria.* (Top. 104a7)

> *São opiniões "geralmente aceitas" aquelas que todo mundo admite, ou a maioria das pessoas, ou os filósofos – em outras palavras, todos, ou a maioria, ou os mais notáveis e eminentes.* (Top. 100b21-23)

> *Acreditamos nos homens bons de modo mais completo e rápido que nos demais: isso se aplica independentemente de qual*

for a pergunta, e é absolutamente verdadeiro onde a certeza exata é impossível e as opiniões se dividem. (Ret. 1356a5-8)

É por isso que em cada página da Ética deparamos com a palavra *doxa*, que pode ser traduzida como "na opinião de todos" ou "conforme a opinião geral". No entanto, tenha cuidado! Opinião, como algo possível ou provável, não é para Aristóteles, como para alguns de seus predecessores, sinônimo do que é falso. Diferentemente de Sócrates, que colocava aqueles que vivem com base em opiniões como "os que não conhecem a verdade", em oposição àqueles "que a conhecem", Aristóteles abre espaço para a opinião no conhecimento.

É evidente, contudo, que existem diferentes tipos de opiniões. Quando Aristóteles se refere à opinião aceita de modo geral, ele não está falando sobre coleta de opiniões ou resultados de propaganda. Ele sabe que a maioria dos homens segue sua própria paixão e, como poderíamos reconhecer nos dias de hoje, tem dificuldade em resistir às pressões para chegar a um acordo. No senso comum, Aristóteles está buscando por algo mais profundo que, no entanto, é compartilhado por todos: bom senso, a opinião do homem comum que se baseia no senso natural de certo e errado, e não é influenciada por suas paixões ou pela pressão de propagandas. Esse tipo de opinião geral pode ser um caminho para a sabedoria, em especial quando o assunto é o ser humano. Como podemos redescobrir a fé que Aristóteles tinha pela opinião geral? Como podemos identificar os verdadeiros sábios dos nossos tempos? Quem são as pessoas capazes de fazer um julgamento seguro?

Não apenas Aristóteles abre espaço para a opinião em sua ciência moral, mas também está preparado para se satisfazer com o provável.

Essa é outra característica do método usado em sua Ética: ele não espera aplicar os mesmos padrões de precisão como na aritmética.

> *Tais são, portanto, os fins visados por nossa investigação* [o que é bom para o homem e para a cidade], *uma vez que isso pertence à ciência política numa das acepções do termo. Nossa discussão será adequada se tiver tanta clareza quanto o assunto comporta, pois não se deve exigir a precisão em todos os raciocínios, assim como não se deve buscá-la nos produtos de todas as artes mecânicas.* (EN 1094b10-14)

> *Devemos nos contentar e falar de tais assuntos* [ética] *com tais premissas para indicar a verdade aproximadamente e em linhas gerais; e ao falar sobre tais coisas, que em sua maior parte são verdadeiras e com premissas do mesmo tipo, só poderemos alcançar conclusões da mesma natureza. Dentro do mesmo espírito, portanto, cada tipo de proposição deverá ser recebida; pois é próprio do homem culto buscar a precisão em cada categoria de questões, apenas na medida em que a natureza do assunto admitir; é evidente que é igualmente tolo aceitar um raciocínio provável de um matemático e exigir provas científicas de um retórico.* (EN 1094b19-28)

Por que ele adotou esse método em particular, baseado em opiniões e naquilo que é provável? Porque a ciência da ética é prática; seu objetivo é ação em situações concretas e específicas. Ela mira no contingente. Deveríamos nós agir desse modo ou daquele na presente situação? Isso demanda discernimento. Opinião ou o que é provável não produz dúvida, mas a convicção que formará a base de uma escolha deliberada. Essa crença está enraizada naquilo que hoje chamamos de consciência. Certamente essa consciência deve estar condicionada pela opinião dos sábios e pela ética. Somente então ela se mostrará uma convicção sólida.

Entretanto, mesmo que a opinião geral e a aquela dos sábios sejam importantes, ainda assim terão de ser testadas perante os fatos.

> *As opiniões dos homens sábios parecem, assim, se harmonizar com nossos argumentos. Porém, embora mesmo essas coisas também carreguem em si alguma convicção, a verdade em questões práticas é distinguida pelos fatos da vida; pois eles são o fator decisivo. Devemos, portanto, examinar o que já dissemos à luz desses fatos, e, caso o que foi dito se harmonizar com eles, nós os aceitaremos; porém, se não houver consenso, precisamos admitir que se trata de mera teoria.* (EN 1179a17-22)

Como nos fala Jacques Maritain,[4] que conhecia muito bem a filosofia aristotélica,

> *A experiência dos homens exerce um papel fundamental em sua ética. Ele a evoca constantemente. A conduta dos homens prudentes, a opinião dos mais velhos e sua experiência de vida, os hábitos da sociedade, são fontes indispensáveis para ele e para a própria edificação da filosofia moral. Mas ele faz uso de toda essa experiência humana para apresentar por indução os princípios racionais ali embutidos. Dada essa posição considerável, ele proporciona informações empíricas e abundantes*

descrições psicológicas encontradas em muitos capítulos da Ética a Nicômaco *e da* Ética a Eudemo.

Assim, Aristóteles nos apresenta um sistema moral profundamente humano. Conhecer e viver por esses princípios morais não era para ele uma questão de criar uma nova ciência da ética, de ser intelectualmente brilhante, mas de estar preparado para aprender de maneira humilde com a humanidade, para perguntar aos homens do seu tempo e de antes dele: os homens mais sábios, aqueles que eram os mais bem desenvolvidos como seres humanos.

2

PRAZER E AMIZADE: O TEMPERO DA VIDA

Continuemos nossa jornada com Aristóteles e nossa exploração de seu entendimento da completude da vida humana e os meios de atingi-la. Aristóteles está longe de ser um legalista; todo o seu pensamento moral está centrado no homem e no desejo dele pelo que existe de bom, um desejo que permeia toda a potência humana, desde o indivíduo mais carnal até aquele mais espiritualizado. A carne deseja o que é bom, assim como o espírito. Não se trata de jogar uma potência contra a outra, mas de combiná-las segundo os interesses da felicidade da pessoa como um todo, sob a direção do *logos*.

Para a inteligência, a razão (*logos*) não está lá para nos tiranizar, e sim para nos iluminar, para atirar um feixe de luz sobre o que é bom e, assim, nos atrair de modo mais efetivo para ela. Para colocar de outro modo, a ética de Aristóteles não é friamente racional: ela é humana. Existem duas indicações desse fato: o modo como Aristóteles fala a respeito do prazer e o que ele tem a nos dizer sobre a amizade.

O prazer

Em sua ética, Aristóteles não se mostra econômico em seu tratamento do prazer, seja ele do corpo, seja da afeição. Baseando-se desde o início na opinião geral, que "associa de maneira próxima o prazer à felicidade" (EN 1153b15), ele garante ao prazer um lugar próprio na busca pela felicidade. Mais adiante neste capítulo veremos de que modo o prazer ganha seu lugar próprio e pleno, porém nada mais do que isso.

A felicidade não deve estar desvinculada do prazer:

> *A maioria das pessoas pensa que a felicidade envolve prazer; é por essa razão que se deu ao homem abençoado um nome derivado de uma palavra cujo significado é divertimento.* (EN 1152b8)

Essa ligação entre os termos *makarios* (abençoado) e *kairein* (divertir-se) não é, ao que parece, muito convincente para os helenistas. Aristóteles, entretanto, busca mais uma vez demonstrar que a opinião geral é o indicador de algo verdadeiro: a felicidade e o prazer caminham de mãos dadas. O que, afinal, seria a felicidade se não provocasse nenhuma reverberação em nós? Os próprios deuses não experimentavam prazer como a dimensão subjetiva de seu estado abençoado?

Tão ligados um ao outro são a felicidade e o prazer que ações tomadas sem prazer não ostentam todo o seu valor. Elas não são *completas*, nos diz Aristóteles. Elas não atingiram a completude da vida.

> *Cada atividade é completada pelo prazer que a acompanha.* (EN 1175a20)

> *Para cada um este* [o prazer] *completa a vida.* (EN 1175a17)

Está claro, portanto, que sem o prazer não existe plenitude moral! Longe de desacreditar a moral ou a profundidade humana de nossas atividades, o prazer as amplia. Aristóteles é um homem equilibrado, assim o desejo por pureza – característico da ética influenciada pelo puritanismo, por exemplo – não passa por sua mente. "Não há nada de humano na falta de sensibilidade", ele afirma em seu capítulo sobre temperança. Essa é uma observação que poderia parecer óbvia e evidente em qualquer outro contexto. Nesse, todavia, de um sistema de ética que objetiva ser inteiramente humano, significa que a falta de sentimento não é uma virtude, tampouco completamente moral.

> *O homem que não se regozija com as ações nobres não é sequer bom; do mesmo modo que ninguém chamaria de justo o que não se compraz em agir com justiça.* (EN 1099a17)

Aqui Aristóteles sublinha uma profunda verdade humana que a Psiquiatria e a Psicologia atuais endossariam: bem pouco do nosso comportamento se separa de nossa busca pelo prazer – isso inclui até nossa busca pela pureza moral. A satisfação de ser virtuoso, de finalmente alcançar a maestria – ou, de modo menos sutil, de ser melhor que os outros – é uma forma de prazer. Essa é uma lei da psique humana. Aristóteles, em sua época e em conformidade com seus próprios termos, reconhecia esse fato e não tinha medo de integrar o prazer a uma abordagem ética.

Se o prazer não mancha a moralidade, tampouco ele se liga à felicidade como algum adorno artificial. Ele não se pulveriza sobre um ato moral para garantir-lhe certo tempero. Felicidade e prazer estão intrinsecamente unidos. O prazer exerce efeito direto sobre a qualidade da atividade – da atividade vital que está no cerne da felicidade.

> *A vida deles* [dos amantes do que é nobre] *não necessita do prazer como um tipo de encanto adventício, mas abriga o prazer em si mesma.* (EN 1099a15)

Nesse estágio, Aristóteles pode ser simplesmente interpretado como um hedonista que identifica a felicidade com a experiência do divertimento. Todavia, é claro que ele não o é. Seu pensamento é mais refinado que isso. Em momento nenhum Aristóteles confunde uma vida feliz com uma vida de prazer.

O que é prazer?

Devemos, portanto, definir melhor a natureza do prazer em relação à felicidade. O que é prazer? Essa pergunta aparece no Livro X da *Ética a Nicômaco*, em uma das passagens mais originais apresentadas por Aristóteles. Aqui deparamos com o cerne do pensamento filosófico.

> *O que é agradável é a atividade do presente, a esperança do futuro e a memória do passado; no entanto o que é ainda mais agradável que tudo é aquilo que depende da atividade.* (EN 1168a13)

Então qual é o status do prazer em relação à atividade? Uma frase já mencionada nos conta que "o prazer completa a atividade" (EN 1175a17), ele a coroa e a aperfeiçoa.

Para compreender o significado dessa frase, vamos nos certificar de que compreendemos o que Aristóteles quer dizer por *atividade*, e, para fazê-lo, vamos nos referir a algumas das ideias por trás de sua filosofia do conhecimento. Observemos o exemplo do conhecimento pertencente aos sentidos: sensação.

A sensação, a atividade dos sentidos, estende-se entre dois polos. Numa extremidade encontra-se o sujeito, que, por meio de seus sentidos (visão, audição, tato, paladar e olfato), está aberto a objetos concretos, numa atitude de expectativa e desejo. No outro polo está o objeto: a cor, o som, o calor, o frio, o cheiro, o doce e o salgado. Sensação é a "ação compartilhada entre aquilo que pode ser sentido e aquele que o sente". Por si sós, nem o que pode ser sentido (o objeto) nem aquele que sente (o sujeito) são capazes de criar a sensação. O sujeito sozinho permanece sem vida. O objeto sozinho continua insensível. Entretanto, colocar um na presença do outro faz com que o objeto desperte o sujeito, o realize e produza sensações. Isso, estipula Aristóteles, se tudo correr bem!

Se nos sentimos cansados e rabugentos, e, em especial, se o nosso aparelho auditivo apresenta deficiência, podemos até ouvir a música que amamos, sem, contudo, apreciá-la. Nessas circunstâncias, nossa capacidade de receber é reduzida. Em contrapartida, se os músicos não são bons e ferem nossos ouvidos, a deficiência está no objeto. A sensação ainda existe, mas não é experimentada em sua plenitude.

A atividade é perfeita – e prazerosa – quando ambos os protagonistas se encontram em sua melhor forma. Enquanto minha audição, minha inteligência e minha visão ainda não estiverem diminuídas, e enquanto o objeto for tão bom quanto deveria ser: um filósofo de pouca qualidade vai inspirar em mim menos entusiasmo que um Sócrates; uma contralto experiente provocará uma sensação melhor que uma cantora iniciante. Para explicar de outra maneira, nessas circunstâncias, nem o sujeito nem o objeto apresenta qualquer obstáculo para que a ação se complete. É por isso que Aristóteles discorre tanto sobre uma atividade que está *desimpedida* (em uma formulação anterior de seu pensamento a respeito do prazer) quanto de outra que é *perfeita* (em uma formulação mais desenvolvida).

A experiência da descoberta nos dá alguma ideia sobre esse feliz encontro entre objeto e sujeito. Um novo objeto sempre parece mais fascinante para descobrirmos, pois nossa sensibilidade ainda não se cansou dele. Em ambos os lados, as coisas estão em um estado de frescor, o que torna o encontro intenso. O prazer está no auge.

> *Uma vez que cada sentido é ativo em relação ao seu objeto, e um sentido que está em boas condições atua de maneira perfeita em relação ao mais belo entre os seus objetos (pois o ideal da atividade perfeita parece ser dessa natureza, independentemente de dizermos que ela própria é ativa como o órgão em que reside), o que acontece é que no caso de cada um dos sentidos a melhor atividade será aquela do órgão em melhores condições em relação aos mais belos de seus objetos.* (EN 1171b14-23)

"A melhor atividade é aquela que se mostra mais prazerosa." Isso quer dizer que o prazer nasce, ou advém, da perfeição da atividade. É sua total realização e seu completo florescimento. Não há necessidade de acrescentar nenhum tempero à atividade. Ela é suficiente em si mesma – como nas vezes em que vamos ao cinema assistir a um filme e não sentimos a necessidade de comer pipoca.

> *É por isso que quando apreciamos profundamente alguma coisa não nos dedicamos a mais nada, e fazemos uma coisa só quando a outra não nos causa grande prazer: por exemplo, no teatro, as pessoas que gostam de doces os comem em maior quantidade quando os atores são medíocres.* (EN 1175b10-14)

Portanto, para cada atividade há um prazer máximo correspondente, que está ligado à perfeição do ato. Isso não impede que Aristóteles exponha os prazeres numa linha hierárquica determinada pelo objeto perseguido. Quando mais nobre o objeto, maior será o prazer. Assegurar que a justiça seja feita, por exemplo, garante maior prazer e felicidade que saborear um dos confortos da vida. É o objeto que define o ato e, consequentemente, a nobreza do prazer.

Por essa razão é que Aristóteles faz uma distinção entre as várias fontes de prazer:

> *Ora, entre as coisas que provocam prazer, algumas são necessárias, enquanto outras merecem ser escolhidas por si mesmas, embora admitam excesso – as causas corporais de prazer são necessárias (pelas quais entendo não só as que se referem à alimentação como também à conjunção sexual) [...] Enquanto outras não são necessárias, mas merecem ser escolhidas por si mesmas (a vitória, a honra, a riqueza e outras coisas boas e prazerosas desse tipo).* (EN 1147b24-30)

É claro que, assim como veremos no Capítulo 5, nem todos os prazeres são bons em termos morais. Podemos desejar o alimento, o vinho e o intercurso sexual em excesso, assim como podemos desejar riqueza e honras em demasia (EN 1154a13-18).

Vemos, portanto, que a ética aristotélica não se limita a um sistema moral de *desejo*; o *prazer* também faz parte dela Desejo e prazer estão intimamente ligados. O prazer surge de um desejo saciado, um desejo que alcançou seu objeto ou o que existe de bom nele. O homem – um ser que deseja – é, portanto, orientado ou criado para sentir prazer – o máximo possível. O objetivo da ética aristotélica é ajudar os seres humanos a escolher a atividade a partir da qual eles obterão mais prazer e alegria, e, desse modo, tornar-se tão felizes quanto possível ao se desvincularem de atividades que lhes garantem prazeres mais efêmeros e/ou superficiais, mas os impedem de progredir rumo às melhores atividades e aos maiores prazeres.

Mais adiante, no Capítulo 4, sobre as virtudes, veremos que isso não é uma questão tão simples quando poderia parecer à primeira vista. Na verdade, os prazeres mais básicos, imediatos e fáceis são capazes de seduzir uma pessoa e invadir seu campo de consciência até o ponto em que ela se vê impedida de se reorientar na direção dos prazeres mais nobres, grandiosos e extasiantes. Como um alpinista, às vezes temos de optar por uma trilha sombria e difícil para alcançar a felicidade de chegar ao topo e ter acesso à vista sublime. A felicidade também é alcançada por meio do esforço.

Em qualquer instância, porém, o prazer resulta da atividade perfeita e, ao mesmo tempo, atua no sentido de aperfeiçoar o ato, pois, no final, as coisas são vivenciadas de maneira mais intensa.

> *Mas o prazer não a completa* [a atividade] *do mesmo modo que a combinação de objeto e sentido, ambos bons, assim como a saúde e o médico não são na mesma acepção as causas de um homem ser sadio [...] O prazer completa a atividade não como o faz o estado permanente que lhe corresponde, pela imanência, mas como um fim que sobrevém como o viço da juventude para os que estão na flor da idade.* (EN 1174b23-25 e 32-24)

Digamos que o prazer completa ou coroa o ato, do mesmo modo que a beleza vem com a juventude. E assim como a fruta madura é atraente à visão e estimula o apetite, o prazer aumenta o bem do ato e amplia o desejo. O prazer resultante da atividade dá o tempero à vida; ela nos torna conscientes de nossa existência; então se transforma no prazer de existir. Não devemos, entretanto, cometer o erro de pensar que o prazer é a finalidade; a finalidade é o ato em si mesmo. Em vez disso, o prazer é alcançado quando o fim é plenamente alcançado, como um bônus ou fim consequencial. É fornecido de modo gratuito, mas, no momento em que desejamos segurá-lo por si mesmo, ou tocá-lo, ele desaparece – ou nos enlaça. No momento em que damos as costas ao objeto para saborear apenas o prazer, perdemos o objeto de vista. Por causa desse fato, a atividade, ou a união entre o objeto e o sujeito, torna-se menos intensa, e o mesmo ocorre com o prazer. A única maneira de receber de volta esse último é encontrar sempre objetos mais excitantes. Isso também parece se aplicar aos prazeres do amor. Quando buscamos o prazer sem de fato amar uma pessoa, nos cansamos até do prazer e passamos a experimentar a necessidade de trocar de parceiro. Quando amamos o prazer sem amar o indivíduo, o prazer se dissipa.

É aí que a análise aristotélica contrasta claramente não apenas com a nossa cultura contemporânea, mas também com outro pensamento analítico prevalente entre os gregos da antiguidade. Refiro-me, particularmente, àquele de Epicuro, cujas escritas surgiram vinte anos depois de Aristóteles.

A filosofia do prazer em Epicuro deveria ser compreendida com base em seu pessimismo, em especial no que diz respeito ao desejo. Para ele, o desejo é uma fonte de tormento por causa da inquietação que reside em suas raízes. A tarefa da filosofia, que professa ser a medicina da alma, é resolver essa invasão de desejo. Ela o faz limitando nossos desejos. Daí a famosa distinção entre desejos *naturais* e *vãos*, e então, no caso dos desejos naturais, entre os que são absolutamente necessários e os demais. Somente os naturais e necessários deveriam sempre ser atendidos; já aqueles que são naturais, mas não necessários, somente deveriam ser acatados em certas ocasiões. De qualquer modo, o desejo dominado estará completamente extinto e resolvido somente pelo prazer que representa sua conclusão e sua finalidade.

Sejamos claros em relação a isso: o que Epicuro chamava de prazer é a *quietude* que se segue à conciliação do desejo. Do mesmo modo, quando em várias ocasiões ele declara o "prazer como o início e o fim da vida abençoada", ele não está nos convidando para que nos entreguemos à indulgência. Ele quer dizer que a alma atinge seu objetivo quando está em paz, pois o prazer e a paz são exatamente a mesma coisa. É aí que, de maneira radical, ele se diferencia de Aristóteles, que coloca o prazer na atividade.

Seria essa apenas uma nuance da abordagem filosófica? Ou, pelo contrário, ela não representaria uma profunda diferença no que diz respeito ao modo como deveríamos nos conduzir diante da vida? Uma coisa é buscar a felicidade em uma atividade vital, arrebatadora e excitante, como defende Aristóteles. Outra bem distinta é considerar a felicidade como a carência de dor, ou *ataraxia*, como faz Epicuro. A doutrina da ataraxia já foi comparada à sabedoria budista, porém essa lembrança é apenas tênue. A serenidade buscada por Epicuro não é o nirvana, e permanece estranha para a alma grega a ideia de renunciar à ilusão do Ser defendida na filosofia oriental.[1]

Epicuro pode muito bem considerar o prazer como um fim, mas ele difere de nossa cultura contemporânea no sentido de que jamais nos convida a ultrapassar os limites. Depois de um período de repressão, testemunhamos hoje o retorno poderoso da reivindicação ao prazer. Talvez esse movimento contrário seja apropriado, mas parece nos levar bem mais longe do que de fato desejamos ir. A corrida frenética e em todas as direções em busca do prazer é danosa para todos nós. E, mais uma vez, o pensamento de Aristóteles mostra-se pertinente ao nosso tempo.

A cultura do prazer

Em sua forma mais comum, o homem usa o prazer como um relaxamento; um remédio para o estresse. O prazer é como o sopro de ar fresco numa vida consumida pela tensão e pela preocupação. O ser humano que sofre precisa parar para respirar. Aristóteles chama a isso de *prazer curativo.*

> *Por causa do excesso de dor que experimenta, o homem busca prazeres excessivos e, em geral, de natureza corporal, como um remédio para a dor. Ora, os meios curativos produzem um sentimento intenso (razão pela qual se persevera em sua busca), graças ao contraste entre eles e a dor contrária.* (EN 1154a30)

O esteticismo é uma doutrina que promove o prazer de maneira um pouco diferente e refinada, que envolve o domínio da consciência com o propósito de aumentar o prazer. Essa doutrina foi transmitida de maneira suprema por Oscar Wilde em seu livro *O retrato de Dorian Gray*. É uma questão de curar a alma através dos sentidos – como lorde Henry explica a Dorian –, porém, ainda assim, manter-se no controle. Vale tudo: os prazeres das artes, do amor etc., mas sem que o homem seja reduzido à sua forma bestial. O homem refinado aprende a diferenciar o prazer em busca de maior divertimento.

Todos nós buscamos o prazer como meio de escapar das dificuldades da nossa existência. Não suportamos conflito, solidão, os obstáculos da vida, em especial aqueles ligados aos relacionamentos. Procuramos pelo remédio do prazer instantâneo, que, ao gratificar nossa afetividade, nos ergue por alguns instantes de nossa tristeza. Envolvemo-nos em um número incalculável desses prazeres, em geral os carnais ou aqueles que mais provavelmente exercerão um efeito ou impacto imediato sobre o nosso estado de espírito: a gratificação pela comida, pela posse, pelos relacionamentos – amizades passageiras, por exemplo, que duram enquanto estamos nos dando bem juntos, mas são deixadas de lado assim que se tornam cansativas e monótonas. Esses prazeres instantâneos são os que não duram, a menos que o pratiquemos em excesso, como no caso do vício ou da dependência química.

O abuso no consumo de drogas está enraizado na fuga da realidade levada ao extremo. Com frequência, o estar drogado é até descrito como uma jornada. Existem "viagens" boas e ruins, além daquelas para as quais não existe retorno. O indivíduo sob o efeito de drogas recusa-se a combater ou até a confrontar a realidade, considerando essa atitude demasiadamente sombria e dolorosa. O contato com essa realidade causa na pessoa uma angústia insuportável, fazendo surgir nela um sentimento de impotência. Substâncias químicas fazem com que o usuário experimente emoções poderosas; ele sente sua própria existência, como relata em um artigo de jornal um jovem de 17 anos chamado Loïc: "Gosto de estar sob o efeito de drogas, de me sentir bem [...]. Você dança como um louco a noite toda; você é a música. Se você fuma, sente-se zen, mas a energia não está lá, seu corpo não acompanha. Hoje todos estão usando drogas cada vez mais rápidas. Você vai a shows, faz uma viagem – sem problemas, basta um comprimido que você engole de uma vez só. É possível conseguir um montão de drogas bem barato [...]. Ecstasy, ficar doidão, delirar – quando se entra nesse mundo você quer ficar lá. É poderoso. É só um monte de jovens, sem ninguém fazendo a sua cabeça. Você usa drogas, uns ajudam os outros. Estar perto de pessoas jovens é animal. Por um ano e meio, eu só usei E. Caí na armadilha rápido demais. Depois de E eu queria tentar cocaína; é fantástico quando tudo sai bem. Eu tenho um irmão gêmeo que está estudando para entrar na faculdade. Não vivemos no mesmo mundo".

Os gregos antigos não possuíam substâncias como o Ecstasy ou a heroína à sua disposição. Apesar disso, eram capazes de realizar orgias monstruosas, combinando excesso de comida, bebida e sexo. Aristóteles conhecia muito bem que energia o homem poderia direcionar contra si mesmo em sua busca pelo prazer. Em sua época ele reparava que [...]

> *[...] a maioria dos homens, e os da espécie mais vulgar (não sem certo fundamento), parece associar o bem e a felicidade ao prazer; razão pela qual eles amam a vida de divertimentos [...]. Já a massa que forma a humanidade é, evidentemente, escrava de seus gostos, preferindo uma vida bestial, mas encontram certa justificativa para essa visão no fato de que muitos daqueles em posições mais elevadas compartilham os gostos de Sardanapalo.*[2] (EN 1095b15-23)

Ele também notou que prazeres do corpo em geral vinham antes de outros, maiores, ou seja, da alma e da mente.

> *Mas os prazeres do corpo se apropriaram do nome* [prazer] *tanto pelo fato de que, com mais frequência, nós* [os homens] *alteramos nosso curso indo diretamente para eles e porque todos*

nós compartilhamos isso; assim, somente porque eles parecem familiares, achamos que não há outros. (EN 1153b34-35)

O abuso de drogas é o exemplo perfeito de um prazer do corpo levado ao paroxismo. Ele segue a mesma lógica de um frenesi de comilança e bebedeira, que, do mesmo modo, ignora outras formas de prazer. O jovem Loïc nos permite ver que ele desconhece o prazer de estudar: "Eu tenho um irmão gêmeo que está estudando para entrar na faculdade. Não vivemos no mesmo mundo".

Esse tipo de experiência também é bastante restritiva para a nossa felicidade. Ela nos suga para a necessidade do consumo e nos priva de nossa liberdade. Ao contrário, o indivíduo verdadeiramente feliz é aquele que é livre e criativo. A experiência dele com o prazer é bem diferente. Origina-se da perfeição humana, não de artifícios químicos. Ela é melhor e mais duradoura. Sócrates sabia como apreciar os prazeres da mesa assim como, ou até melhor que, aqueles que estavam acostumados a esses prazeres. Contudo, ele também sabia jejuar e não perdia o controle de si mesmo. O estar drogado, em contrapartida, é experimentado como uma fuga de si mesmo, e o prazer que acompanha essa jornada é um modo de escapar da realidade. A vida é difícil demais, a solidão é insuportável e qualquer esforço está além do nosso alcance, então fugimos. Essa fuga pode culminar em uma forma de suicídio. Trata-se de uma experiência que nada tem a ver com o prazer nascido de um encontro com a realidade e a harmonia.

A armadilha na qual Loïc caiu foi a de considerar sua busca pelo prazer como um fim nele próprio. Essa sua procura o aprisionou e o mantém preso. A margem que lhe resta é estreita: ele pode evitar tomar dois comprimidos no lugar de um para ficar "alto" e nunca mais retornar à realidade, como ocorreu com um de seus amigos, que hoje está incapacitado.

Outra tendência em nossa cultura associa a experiência do prazer, de maneira ainda mais radical, àquela da onipotência. Nesse caso, não há nada mais garantido para sentir o próprio poder do que transgredir as proibições. Ele se sente mais forte que a lei, mais forte que Deus. Em seu livro *A tirania do prazer*,[3] Jean-Claude Guillebaud mostrou de que modo maio de 1968[4] ampliou essa cultura do prazer ligado à transgressão. Existe uma progressão lógica entre o "divertir-se sem limites" e o "transgredir para ser capaz de se divertir". Daí surgem todos os tipos de transgressão: de caráter heterossexual, homossexual e/ou incestuosa.

Uma vez que a revolução sexual já havia ocorrido, outras áreas de transgressão tinham de ser encontradas. Hoje o fenômeno do vandalismo está mais disseminado, juntamente com um desejo ainda mais radical de transgredir, até o ponto de se cometer assassinatos. A total diversão por intermédio da violência extrema é demonstrada pelo triste exemplo dos hooligans. As palavras de um inglês no filme *Violência máxima*, de 2004, nos dão um insight dessa experiência: "Nós nos aproximamos do estádio. Estou queimando por dentro. A excitação ainda está lá; posso sentir todo o meu corpo vibrando. Pode soar estranho, mas é verdade. Isso é ainda melhor que transar com uma mulher ou dirigir a toda velocidade [...]. Já consigo ouvir o barulho da multidão dentro do estádio e, inclusive, a música dos torcedores do Chelsea sendo cantada, repetidas vezes. Isso é a vida [...]. Então tenho na mão um bloco de concreto reforçado, de onde sai um pedaço de ferro; estamos correndo pela rua, e eu ouço isso, um som único, um prazer que surge de algum lugar profundo dentro de mim diante da pressão". Ele prossegue e ataca um homem que acaba morrendo com o golpe. E então nossos *hooligans* seguem em frente em busca de algo mais [...]. Assim como Loïc, ele também está buscando essa emoção poderosa à qual chama de "prazer" ou até "vida". Ele ama a violência até o ponto da insanidade criminosa, pela sensação que isso lhe provoca. Ele também está transformando sua busca por divertimento num fim em si mesmo.

A paixão pelo prazer, tão característica de grande parte de nossa cultura contemporânea, parece-me tanto uma limitação quanto uma vantagem.

Por um lado, no que diz respeito à experiência do prazer, esse desvio da nossa cultura que segue à procura dele [o prazer] como um fim em si mesmo parece-me um beco sem saída. O consumo repetido mata o prazer. Ele não respeita o período do desejo. Apesar disso, o homem que realmente é capaz de apreciar o prazer é aquele que sabe *como* desejar. Desejo e razão não são opostos – é justamente o contrário. Quanto melhor eu souber como distinguir entre prazeres, mais intenso será o meu desejo.

Nunca antes se fez tão pouco do desejo. É como se toda uma geração tivesse perdido o apetite! A busca pelo prazer como única finalidade termina com a perda do interesse pelo objeto. "Não importa se é cocaína ou Ecstasy, desde que eu fique louco", diz a si mesmo o jovem viciado! O desejo, em contrapartida, é uma abertura para o objeto. Assim como o prazer é uma questão de fusão, o desejo está orientado para o objeto. O que precisamos, portanto, é restaurar a cultura do desejo – caso tenhamos a intenção de retornar à vida.

A vantagem de nossa paixão pelo prazer existe no plano da educação. Hoje é difícil educar as pessoas simplesmente com base nas leis, mas pode ser feito, utilizando o prazer como ponto de partida. O prazer é uma indicação daquilo que diverte e atrai, de uma profunda conformidade entre objeto e sujeito. No caso de adultos com deficiência mental, como as pessoas que recebemos na Arca, onde tenho vivido ao longo de mais de trinta anos, é impossível começar pelas leis. Se, entretanto, descobrimos do que as pessoas gostam, seja música, seja caminhar pela floresta, seja descobrir um objeto, podemos despertar nelas um desejo e ajudá-las a ir atrás disso. O que se aplica a um indivíduo com problemas mentais, mesmo profundos, também se verifica nas crianças e, na verdade, em cada um de nós. Mesmo quando me coloco *fora da moralidade* experimento o prazer, desde que exista uma equivalência entre o que eu sou e o objeto. Se houver essa equivalência, eu o desejo: é o meu bem. E, quando o encontro, floresço. Sinto-me tomado pelo prazer.

Não há educação se não reconhecemos o lugar de prazer. O prazer pode assumir esse papel educacional, mas somente se estiver acompanhado por leis e estruturas. Não se trata de ceder a todos os desejos de crianças e adolescentes, mas de compreender o que os atrai e como eles operam; de levá-los para algo mais profundo em direção a outras experiências de prazer. Pense em um jovem rapaz que não possui estrutura interior, mas sente enorme prazer na música. Poderíamos talvez sugerir que ele aprendesse a tocar violão, e, se ele gostasse, que até tivesse aulas. Motivado, ele poderá progredir e se tornar disciplinado e direcionado para seu objetivo: ser capaz de tocar bem o violão. O prazer o incentiva, por meio de certa estruturação do seu ser, rumo a um prazer maior de tocar e ser aplaudido por seu sucesso.

Mais uma vez, para Aristóteles, o prazer é definido pela atividade; esta, por sua vez, é determinada pelo objeto. Não há para ele distinção entre alegria e prazer. Não existe, por um lado, o prazer egoísta e carnal, nem, por outro lado, contentamento espiritual, intelectual ou altruísta. Toda atividade, nobre ou não, é acompanhada de prazer. A mesma palavra, *hedone*, é usada para denotar os prazeres de estudar, de comer ou beber. Existem tantas formas de prazer quanto os tipos de atividades. É o valor do objeto perseguido que determina a intensidade e a profundidade do prazer.

A percepção de Aristóteles de que o prazer não é o fim, mas o fruto da atividade é valiosa para os nossos tempos. Hoje queremos o prazer sem conquistar o objeto que é mais adequado à nossa humanidade. Aqui, Aristóteles ajuda-nos a reabilitar tanto o desejo quanto o prazer. O prazer não pode ser separado de sua base, aquela atividade vital que pressupõe uma conformidade entre o sujeito e seu objeto.

Amizade

A amizade é o outro eixo da ciência moral, intrinsecamente humana, proposta por Aristóteles. Na verdade, mesmo que Aristóteles não diga de maneira tão explicita, é possível identificar uma ligação entre amizade e prazer. Este não é desejado por si mesmo, mas é um bônus – o fruto da atividade. A amizade também é um fruto, um fruto da virtude. Ela torna a vida virtuosa particularmente agradável.

A amizade é, ao mesmo tempo, o que é mais necessário na vida e o que existe de melhor no homem: "A mais genuína forma de justiça é uma espécie de amizade" (EN 1155a27).[5]

Cícero, que leu Aristóteles, utiliza uma metáfora bastante cativante: "Os que suprimem a amizade da vida parecem-me privar o mundo do sol",[6] uma ideia atraente para a *Ética a Nicômaco*: "Sem amigos ninguém escolheria viver" (EN 1155a3).

> *Não menos estranho seria fazer do homem sumamente feliz um solitário, pois ninguém escolheria a posse do mundo in-*

teiro sob a condição de viver só, já que o homem é um ser político[7] *e está em sua natureza o viver em sociedade.* (EN 1169b17-19)

E na pobreza e em outros infortúnios os homens pensam que os amigos são o seu único refúgio. A amizade também ajuda os jovens a afastar-se do erro, e aos mais velhos atendendo-lhes às necessidades e suprindo as atividades que declinam por efeito dos anos; àqueles no auge da vida, ela estimula a prática de ações nobres – "dois que andam juntos" –, pois com amigos os homens são mais aptos a pensar e agir. (EN 1155a11-16)

Aristóteles amplia consideravelmente a definição de amizade para que esta também signifique compartilhamento, vida em conjunto, comunhão. "O amigo é outro 'eu'" (EN 1166a31); é por isso que na amizade nós nos "alegramos e choramos" juntos (EN 1171a5). E Aristóteles cita com respeito as opiniões daqueles que defendem que a amizade consiste numa vida em comum, em fazer as mesmas escolhas ou compartilhar da mesma dor e alegria. "Isso é confirmado pelos provérbios, como 'uma só alma', 'amigos possuem todas as coisas em comum', 'amizade é igualdade'" (EN 1168b8).

A justiça nos torna abertos ao respeito pelos outros. A amizade vai além. Nada nos impulsiona de maneira tão radical, além de nós mesmos, como a amizade. Até aqui, falamos da felicidade como uma atividade subjetiva e solitária que envolve uma atitude de abertura para o mundo. Todavia, isso torna o sujeito solitário responsável e, ao mesmo tempo, beneficiário de sua própria perfeição. Com a amizade, vemos emergir outra dimensão, dando um novo ângulo de visão para a felicidade.

Todos nós já enfrentamos problemas em relação à amizade, como se tivéssemos dificuldade em ser honestos em nossas relações. Aristóteles considera isso em detalhes. Por que às vezes somos decepcionados por nossos amigos? Por que algumas de nossas amizades não passam no teste do tempo? Como podemos saber se o que nos liga a um amigo é sólido e autêntico? Todas essas questões o levam a fazer uma diferenciação entre várias formas de amizade – e nem todas elas são autênticas.

O início da amizade: benevolência

Logo de início, Aristóteles nos avisa que a amizade e a benevolência são coisas similares e estão relacionadas. Diferentemente de uma simples ligação, que pode ser motivada por objetos, a benevolência diz respeito a outro ser humano. Alguma coisa em relação ao outro desperta dentro de nós: é um tipo de interesse. Por quê? Porque percebemos nesse indivíduo "alguma excelência". Isso pode ser bastante superficial, como quando patrocinamos um atleta. Para nós, ele parece o melhor no que faz, então gostaríamos de vê-lo ganhar. Também pode ser mais profundo, como quando vemos algo de precioso no outro: sua beleza interior, alguém poderia dizer. Montaigne,[8] ao discorrer sobre seu encontro com o amigo La Boétie, explica-o como "uma atração profunda entre dois seres humanos, entre duas almas".

> *Em geral, a benevolência surge por causa de alguma excelência ou mérito, quando um homem parece a outro belo, corajoso ou algo do tipo, como no caso de adversários em uma competição.* (EN 1167a18-20)[9]

A atração enraizada na benevolência não deve ser confundida com o que seria o início do amor nem com uma atração do coração; tampouco deve ser vista como um desejo de aplacar a solidão ou de preencher um vazio. Trata-se de uma atração que depende da virtude. Vimos a excelência de outro alguém e nos sentimos benevolentes em relação a essa pessoa, considerando a etimologia da palavra do latim *benevolentia* (de *bene-volo*; querer bem). Todavia, ainda não estamos prontos para nos comprometer com esse indivíduo.

> *A benevolência não é sequer um sentimento amistoso, uma vez que não envolve intensidade ou desejo, enquanto o sentimento de amizade é acompanhado desses elementos. Além disso, amizade implica intimidade, enquanto a benevolência pode surgir repentinamente, como ocorre com os adversários numa competição: sentimos benevolência para com eles e compartilhamos os seus desejos, mas não cooperaríamos em nada com eles.* (EN 1166b33-67a3)

> *A benevolência parece, portanto, ser o início de uma amizade, assim como o prazer dos olhos é o começo do amor [...]. Do mesmo modo, não é possível que duas pessoas se tornem amigas se não sentirem benevolência uma para com a outra [...]. Então, por uma extensão do termo amizade, alguém poderia dizer que a benevolência é uma amizade "inativa", embora, quando prolongada a ponto da intimidade, torne-se amizade.* (EN 1167a3-14)

Para se transformar em amizade, a benevolência deve ser *recíproca* e *reconhecida*.

> *Mas para aqueles que desejam o bem atribuímos apenas a benevolência, se o desejo não é recíproco; benevolência, quando recíproca, torna-se amizade. Ou devemos acrescentar "quando reconhecida"? Pois muitos desejam bem a pessoas que nunca viram e as julgam boas e de valia; e uma delas poder lhe retribuir tal sentimento. Essas pessoas parecem ter benevolência entre si; mas como chamá-las de amigas se desconhecem seus sentimentos mútuos?* (EN 1155b32-1156a3)

A benevolência recíproca deve, portanto, ampliar-se para alguma forma de vida em conjunto:

> *Mas aqueles que se importam uns com os outros e, apesar disso, não vivem a vida juntos, parecem ter benevolência em vez de amizade. Pois nada é mais característico entre amigos que compartilhar uma vida em comum.* (EN 1157b18-20)

Essa vida em comum consiste primeiramente em se unir nas atividades vitais que sejam de maior interesse para ambos os amigos. São essas atividades que criam os laços entre eles, mesmo que sejam apenas superficiais.

> *Pois a amizade é uma parceria, e como um homem é para si mesmo, igual será para o seu amigo; ora, para ele a consciência de seu ser é desejável, e o mesmo ocorre com a consciência de seu amigo. Essa consciência se torna ativa quando os dois convivem, de modo que é natural que ambos tenham esse mesmo objetivo. E o que quer que signifique existência para cada*

> *categoria de homens, e seja pelo bem de quem for – uma vez que ambos desejam ocupar-se em companhia de seus amigos. Por isso alguns bebem juntos, outros jogam dados; há aqueles que se reúnem para exercícios físicos e/ou caçar, outros ainda para estudar filosofia; cada classe investe seus dias juntos fazendo aquilo que mais amam na vida.* (EN 1171b32-1172a7)

É aí que vemos a amizade distanciar-se do sentimento entre os que se amam. "Ela me ama? Ou será que ela não me ama?", pergunta-se constantemente o homem apaixonado sem de fato desejar conhecer a resposta. O amor se delicia na fantasia e dela se alimenta. Na verdadeira amizade, sentimo-nos menos confusos. A amizade busca reciprocidade e se move de maneira mais célere rumo ao reconhecimento. Mais uma vez nas palavras de Montaigne, temos de "ousar nos aproximar e fazer contato", do contrário permanecemos em um estado de *wishful thinking* (pensamento desejoso). A amizade é, antes de mais nada, uma vida em conjunto, cultivada pela realização de atividades também conjuntas, não por sonhos acerca da outra pessoa.

A benevolência mútua e recíproca é a atitude intrínseca à nossa afetividade, ou ao nosso coração, que nos dispõe para a amizade e dela revela-se aspecto fundamental.

Como podemos, no entanto, saber se aquilo com o qual lidamos é amizade verdadeira? Que estamos de fato centrado no outro, não em nós mesmos? Que não estamos nos tornando presos em uma amizade preguiçosa? Que não estamos, em menor ou maior grau de sutileza, dominando a outra pessoa? Uma boa maneira de verificar a autenticidade de nossa amizade é numa experiência de crise. Com frequência, isso revela as dimensões ocultas daquilo que conecta os amigos.

Em tempos de crise

Podemos acreditar que somos amigos de verdade, mas, diante de uma situação de crise, normalmente o caos se abate sobre nós, revelando a verdadeira natureza da relação que nos une! Podemos perceber, então, que não somos realmente importantes para o outro, que fomos usados. Talvez nos sintamos desapontados e juremos que jamais cairemos nessa armadilha outra vez – desde que a manipulação não tenha sido uma repentina obra perpetrada por nós mesmos. Seja qual for a situação, a amizade é colocada à prova.

Qualquer crise é uma oportunidade de amizade. Como em qualquer coisa vivente, é uma chance para esclarecimento e progresso.

> *Outra questão que se apresenta é se as amizades deveriam se manter ou não quando a outra parte não permanece a mesma. Talvez se possa dizer que não há nada de estranho em romper uma amizade que se baseia em utilidade ou prazer quando nossos amigos já não possuem tais atributos [...]. Mas poderíamos nos queixar de outro se ele, tendo nos amado por nossa utilidade ou por prazer, fingiu nos amar pelo nosso caráter? Pois, como dissemos no início dessa discussão, a maioria das diferenças surge entre amigos quando eles não são amigos do modo como acreditam ser.* (EN 1165a37-b8)

Aqui Aristóteles oferece-nos alguns critérios interessantes para nos ajudar a discernir. Ele faz uma distinção entre três tipos de amizade: a verdadeira, centrada no bem do outro, que merece plenamente ser denominada dessa maneira; a amizade baseada no que é agradável, e a amizade baseada em utilidade. Essas são as três razões capazes de inspirar uma amizade.

> *Pois nem tudo parece ser amado, mas apenas o estimável, e este é bom, agradável ou útil.* (EN 1155b18)

> *Ora, essas razões* [o que é bom, agradável e útil] *diferem umas das outras; o mesmo, portanto, ocorre com as formas correspondentes de amor e amizade. Existem, assim, três tipos de amizade, iguais em número às coisas que são estimáveis; pois com respeito a cada uma há amor mútuo e reconhecido, e aqueles que se amam desejam mutuamente o bem do outro. Ora, aqueles que amam ao outro por sua utilidade não se amam pelo que são, mas por causa de algum bem que um obtém do outro. Ora, também com os que amam pelo prazer; não é pelo seu caráter que os homens amam as pessoas inteligentes e que pensam rápido, mas pelo fato de as considerarem agradáveis. Portanto, os que amam pela utilidade o fazem em função do que é útil para si mesmos; os que amam pelo prazer o fazem para sentir-se bem. Essa utilidade e esse prazer não dizem respeito ao outro. Nesses casos, tais amizades são apenas incidentais; pois a pessoa não é amada por ser quem ela é, mas por fornecer algo de prazeroso ou útil. Tais amizades são facilmente dissolvidas, se as pessoas não continuarem como são; afinal, se uma das partes já não se revela mais agradável ou útil, a outra deixa de amá-la.* (EN 1156a5-20)

Vimos que Aristóteles definiu a amizade começando pelo sentimento experimentado pelo sujeito: benevolência mútua e recíproca. Aqui ele pergunta a si mesmo o objetivo desse sentimento. Tomando o fim como seu ponto de partida, ele nos convida a um maior entendimento sobre esse ponto. O que é aquilo que, lá no fundo, inspira sua amizade? Seria o outro ou você mesmo? Há algo que pode nos ajudar a saber: a solidez da relação em tempos de crise.

Se uma mudança no status social for suficiente para destruir uma amizade, a relação não existia sem interesse. O mesmo se aplica ao caso de a desonra recair sobre um de meus amigos e eu o abandonar. Ou ainda se a doença me fizer rejeitar alguém cuja companhia eu realmente apreciava. Nessas situações, eu jamais estive interessado no outro como ser humano, somente na resposta dele diante da minha necessidade, fosse ela de ordem afetiva, caso eu sentisse prazer em sua companhia, fosse de ordem material, caso de algum modo ele se mostrasse útil para mim.

Portanto, para Aristóteles o prazer e a utilidade são duas maneiras de buscar os próprios interesses numa relação. Contudo, o egocentrismo está mais pronunciado num caso que no outro:

> *Entre as duas, a que está centrada no prazer assemelha-se mais com a amizade, quando ambas as partes obtêm o mesmo uma da outra e deleitam-se uma com a outra ou com as mesmas coisas, como se dá na amizade entre jovens; pois é em tais amizades que se observa a generosidade com mais frequência. A amizade que se baseia na utilidade é para aqueles cuja mente está mais voltada para transações comerciais.* (EN 1158a18-22)

Essa mente "voltada para transações comerciais" é encontrada em mil e uma formas nos relacionamentos, sejam os indivíduos ricos ou pobres, sadios ou doentes, jovens ou velhos. Mais ainda, Aristóteles chama a nossa atenção para o fato de que, ao criar um desequilíbrio entre as pessoas, a iniquidade pode inclinar uma relação na direção do ganho.

A amizade que busca a utilidade parece ser aquela mais facilmente encontrada entre opostos, ou seja, entre pobre e rico, ignorante e letrado; pois um homem ambiciona aquilo que lhe falta e oferece algo em troca. (EN 1159b13-15)

Todavia, aquilo que orienta uma relação para o interesse próprio pode ser uma questão de necessidade. Se esperamos que o outro nos dê algo – proteção, conhecimento, afeição –, mas ele não o faz, reclamamos!

[...] a amizade baseada em utilidade é repleta de queixas; pois, tendo em vista que ambos usam um ao outro para atender seus próprios interesses, cada lado sempre deseja obter mais dessa relação, considera ter recebido menos do que deveria e acusa seus amigos por não terem conseguido "tudo o que necessitam e merecem"; e os que fazem bem a outros não podem ajudá-los tanto quanto eles querem. (EN 1162b17-20)

Há embates que também são conhecidos pelos amantes:

[...] mas na amizade entre amantes às vezes o primeiro (o amante) reclama que seu excesso de amor não é retribuído com amor (embora talvez não haja nada que o faça digno de ser amado), enquanto o segundo (o amado) se queixa que o amante, que outrora lhe prometera tudo, não lhe oferece mais nada hoje. Tais incidentes ocorrem quando o amante ama o amado tendo em vista o prazer, enquanto o amado ama o amante tendo em vista a utilidade [...] (EN 1164a2-7)

A amizade baseada no prazer, pela qual Aristóteles tem mais simpatia, sobreviverá mais facilmente a crises, pois a presença do outro ainda é importante para o sentimento. Contudo, a afetividade e a subjetividade envolvidas no primeiro plano dessa relação também tornam os laços frágeis. Temos apenas de observar os mais jovens.

> *Em contrapartida, a amizade entre os jovens parece ter como objetivo o prazer, pois a vida deles é norteada pelas emoções; eles buscam acima de tudo aquilo que lhes é agradável e está imediatamente diante deles; porém, conforme os anos passam, seus prazeres tornam-se diferentes. É por isso que os jovens fazem e desfazem amizades com a mesma facilidade. Sua amizade muda com o objeto que lhes parece agradável, e tal prazer se altera rapidamente. Os jovens também são amorosos, pois a maior parte da amizade que existe no amor depende da emoção e tem por objetivo o prazer; é por esse motivo que os jovens se apaixonam e esquecem suas paixões com tamanha rapidez, muitas vezes em um só dia.* (EN 1156a32-b3)

Esse tipo de amizade pode ter sua origem em certa similaridade: preferências compartilhadas, sensações idênticas e atividades similares que tornam a companhia do outro agradável. Estamos, portanto, muito próximos do companheirismo. Essa relação também pode ser alimentada pela diferença, por um toque exótico que seduz e traz consigo ar fresco. Seja como for, esse tipo de relacionamento está sujeito aos perigos de sua própria subjetividade. Quando já não sentimos mais nada, o que resta desse laço?

Somos facilmente levados ao ponto de dissolver esse tipo de amizade, mas também somos ágeis em refazer outra. Como na cultura do "surfar", que tanto encanta a nossa sociedade, ela é prazerosa, mas ao mesmo tempo contestadora; nossa afetividade não tem a chance de se tornar madura. Ela termina no estágio do ego, embora de modo diferente em comparação com a busca de utilidade. Em ambos os casos, entretanto, uma relação em que uma pessoa não consegue se interessar pela outra sinaliza imaturidade. É como se o ego permanecesse bloqueado pelo desejo fundamental de ser amado, ser importante para alguém, ser tudo para esse indivíduo. Aristóteles, que não tinha à sua disposição nossas ciências humanas, coloca essa tendência sob uma cuidadosa análise:

> *Por causa da ambição, a maioria das pessoas parece preferir ser amada a amar; é por isso que os homens em geral adoram a lisonja; o lisonjeador é um amigo em posição inferior, ou finge ser assim e amar mais do que é amado [...] enquanto aqueles que desejam ser honrados por homens bons e sábios, por sua vez, querem confirmar a boa opinião que fazem de si mesmos; e, por conseguinte, deleitam-se em ser honrados porque acreditam na própria bondade com base no julgamento dos que falam a seu respeito. [...]. Mas ela* [a amizade] *depende mais do amar que do ser amado.* (EN 1159a13-27)

É fácil verificar que a amizade e a maturidade seguem de mãos dadas. Chega um ponto em que devemos progredir para um amor ativo e generoso. A generosidade é uma qualidade que está na moda atualmente, mas a bondade que acompanha a amizade não é meramente a generosidade do serviço no qual queremos ajudar o outro. Esse tipo de sentimento de generosidade, que pode se revelar bem próximo da pena, deixa o outro num estado de inferioridade, embora se diga que "amizade é igualdade" (EN 1157b35). Com frequência, Aristóteles identifica a si mesmo com um velho princípio grego. Se não conseguimos ver na pessoa que estamos ajudando certa excelência humana ou beleza interior que seja atraente, se não experimentamos prazer em sua presença, não podemos falar em amizade.

Com essa reflexão sobre a amizade baseada em semelhanças, podemos agora seguir adiante e abordar o que é uma amizade perfeita.

Amizade perfeita

Espera-se que a verdadeira amizade não se sujeite aos mesmos defeitos encontrados em suas formas inferiores. É provável que não nos queixemos de um verdadeiro amigo, por exemplo, pois, em princípio, não o estamos avaliando pelo que ele nos traz. "A amizade, eu a reconheço naquilo em que não pode ser desapontada", diz Saint-Exupéry, "mas aquilo que você faz com quem ama é rapidamente transformá-lo num escravo, e, se ele não assumir logo os encargos dessa escravidão, você o condena".[10] A verdadeira amizade também não é dissolvida diante da primeira dificuldade. Ela sabe como suportar testes e, inclusive, vê neles uma oportunidade de crescimento. Mais uma vez nas palavras de Saint-Exupéry: "Amo o amigo que é fiel na tentação, pois, se não houvesse tentação, não haveria fidelidade e eu não teria um amigo". Então, de onde a verdadeira amizade extrai essa solidez? Não seria do fato de que, inteiramente desejosa do bem da outra pessoa, esteja [a amizade] menos sujeita às oscilações do divertimento ou da busca por lucros? "Na verdadeira amizade", diz Montaigne, "dou-me mais ao meu amigo do que o atraio para mim".[11]

Aí está toda a diferença: em vez de a amizade estar centrada em "mim", ela o está na outra pessoa, na vida dela, no bem dela e no compartilhamento dos mesmos valores que são buscados em conjunto.

> *Definimos um amigo (1) como aquele que deseja e faz, ou parece desejar e fazer, o bem no interesse de seu amigo; ou (2) como aquele que deseja que seu amigo exista e viva, por ele mesmo [...].* (EN 1166a3-5)

Na verdadeira amizade, tudo – a vontade e os sentimentos de igual modo – é orientado por essa preocupação com a outra pessoa.

> *Podemos descrever um sentimento de amizade por outra pessoa como um desejo que você abriga no sentido de que tudo o que considera ser o melhor para ela – não para você mesmo – se realize. Ao mesmo tempo, você se sente inclinado, tanto quanto possível, a fazer com que tudo aconteça. Um amigo é aquele que sente isso e inspira tais sentimentos no outro: aqueles, portanto, que acreditam sentir-se assim em relação ao outro consideram a si mesmos amigos. Partindo-se desse pressuposto, conclui-se que seu amigo é o tipo de homem que compartilha seu prazer naquilo que é bom e também sua dor no que é desagradável, e pelo seu bem-estar, não por qualquer outra razão.* (Ret. 1380b35-1381a6)

Amizade inclui carinho, como o amor da mãe pelo filho. Tanto que Aristóteles compara esse tipo de prioridade que se dá ao outro como um sentimento maternal. "[...] como aquele que deseja que seu amigo exista e viva, por ele mesmo; e isso é o que as mães fazem aos seus filhos " (EN 1166a6). E de que maneira poderia eu não sentir carinho por alguém em quem reconheço boas qualidades ou beleza interior, ou que esteja em busca dos mesmos valores ou interesses que eu? Pois essa é a razão da amizade: percebi a bondade e a beleza de outra pessoa e senti-me atraído por isso. Temos a mesma compreensão do sentido da vida e da existência.

Quem é capaz de amar desse modo? O homem que tem um senso daquilo que é humano e do que são de fato atividades humanas; o homem justo e com a mente iluminada; o homem que não tem ciúmes do amigo, que está aberto para outras pessoas, ou seja, o homem bom ou virtuoso.

> *A amizade perfeita é a dos homens que são bons e similares na virtude, pois esses desejam mutuamente bem um ao outro enquanto bons, e são bons em si mesmos. Ora, os que desejam bem aos seus amigos por eles mesmos são os mais verdadeiramente amigos, porque o fazem em razão da sua própria natureza e não acidentalmente. Por isso sua amizade dura enquanto são bons — e a virtude é algo estável.* (EN 1156b6-11).

Como posso reivindicar amizade se, para mim, "desejar o bem" é apenas uma emoção? Quando essa emoção se dissipar, não sobrará nada. E seu eu ainda me encontrar num estado de imaturidade, aprisionado ao meu ego, governado por minhas paixões, como posso me abrir para outra pessoa e priorizar o que é bom para ela, acima dos meus próprios interesses? A solidez desses laços deriva de algo bem profundo dentro de nós e que não é emoção. Ele se origina de uma disposição íntima da alma para escolher, de maneira habilidosa e prazerosa, o que é bom para o outro.

> *[...] mas o amor mútuo* [amizade] *envolve escolha, e a escolha deriva de uma disposição de caráter;*[12] *e os homens desejam o bem àqueles a quem amam por eles mesmos, não como resultado de um sentimento, mas de uma disposição de caráter.* (EN 1157b31)

A amizade requer esse tipo de estabilidade interior do indivíduo, uma estrutura interna ou um estado de caráter que Aristóteles chama de *virtude*. As virtudes são qualidades intelectuais e/ou morais que orientam o desejo, a capacidade de julgar e comprometer sua liberdade pelo bem de outra pessoa. O nascimento e o aprofundamento dessas virtudes levam tempo e demandam exercício – e como Aristóteles gosta de dizer, disposição *resulta* de exercício. É o que a raposa deseja ensinar ao príncipe, personagem título na obra *O pequeno príncipe* de Saint-Exupéry:[13] "Se tu queres um amigo, cativa-me". Ele imediatamente coloca a amizade em uma perspectiva de longo prazo e a demarca com ritos que estruturam esse tempo. Então o pequeno príncipe precisa retornar a cada dia, no mesmo horário, para que ele tenha tempo de "vestir o coração". Com o mesmo efeito e lirismo, Aristóteles também enfatiza que [...]

> *[...] é natural que tais amizades* [aquelas baseadas na bondade] *sejam infrequentes; pois homens assim são raros. Além disso, esse tipo de amizade requer tempo e familiaridade; como diz o provérbio, os homens não conseguem conhecer-se mutuamente enquanto não tiverem "provado sal juntos"; tampouco podem aceitar-se como amigos até que ambos se mostrem estimável um ao outro e confiáveis entre si. Aqueles que rapidamente*

> *mostram sinais de amizade desejam ser amigos, mas não o são a menos que ambos sejam estimáveis e o saibam; porque o desejo de amizade pode surgir rapidamente, mas a amizade não".* (EN 1156b25-32)

A amizade é, portanto, o ápice da vida realizada na busca e no desejo daquilo que é bom para um amigo.

> *[...] aqueles que são amigos com base na virtude anseiam por fazer o bem um ao outro (visto que isso é uma marca de virtude e de amizade), e entre homens que emulam entre si nessas coisas não pode haver queixas nem disputas; ninguém é ofendido por um homem que o ama e lhe faz o bem – e, se for uma pessoa de nobres sentimentos, vinga-se fazendo bem ao outro. E o homem que supera o outro nos serviços prestados não se queixará de seu amigo, uma vez que obtém o que tinha em vista; cada homem deseja o que é bom.* (EN 1162b6-13)

O verdadeiro amor, aquele entre amigos autênticos, também é um amor ativo – um amor dinâmico e audaz. Desejar o que é bom para outra pessoa não significa simplesmente se mostrar amigável e aberto em relação a ela, mas também estar disposto a dedicar-se a ela e estar ao lado dela. Fazer o bem juntos – é isso o que nos torna amigos plenos. O amor vê tudo claramente e é inseparável da experiência do que é bom. Desejo para o meu amigo o que há de melhor: não apenas boa saúde ou sucesso nos negócios, mas completude em sua vida. Afinal, o que nos torna plenamente vivos? Aquilo que melhor alimenta a alma: a busca da verdade culminando em contemplação e a devoção de nossa vida aos nossos concidadãos por meio de atos de justiça. Podemos fazer isso sozinhos, mas, quando existem duas pessoas, nós o fazemos ainda com mais entusiasmo e alegria. O carisma da amizade, sua graça intrínseca, é tornar o exercício da virtude ainda mais agradável. Pois é mais fácil buscar verdades fundamentais quando se trabalha em dois, trocando ideias um com o outro e mutuamente se iluminando.

> *Se ele vivesse como um solitário, a vida lhe seria dura; pois não é fácil a quem é sozinho desenvolver uma atividade contínua; mas com outros e visando aos outros tudo se torna mais fácil. Assim, em companhia de outros, sua atividade será mais contínua.* (EN 1170a4-7)

É por isso que aquilo que impulsiona a dinâmica da amizade é viver juntos. "Pois nada é mais característico entre amigos que compartilhar uma vida em comum" (EN 1157b20). Essa vida em conjunto está no cerne da amizade, do seu elemento essencial, mas ela não significa meramente coabitar um espaço, "como para o gado, o pastar juntos no mesmo lugar", como diz Aristóteles (EN 1170b14). Trata-se de uma vida vivida em comunhão, alimentada por ações compartilhadas visando a coisas nobres e grandiosas. É compartilhar a mesma visão das coisas, os mesmos gostos, o mesmo entendimento da vida; isso implica ações ou projetos desenvolvidos em conjunto, em especial aqueles que estão mais próximos do nosso coração. A amizade é o melhor para promover o engajamento em atos nobres e grandiosos. Acima de qualquer outra coisa, ela é o desejo por aquelas ações bonitas e sublimes e a realização delas, que cimenta a amizade; são elas que dão significado aos laços. Se o tempo investido em conjunto é reduzido, se o que os amigos possuem já não é algo em comum (ver EN 1168b8 na página 71), é provável que a própria amizade diminua.

> *[...] Se a ausência dura muito tempo, parece realmente fazer com que os homens esqueçam a sua amizade; daí o provérbio "longe dos olhos, longe do coração".* (EN 1157b12)

Amigos buscam uns aos outros não para se verem, afirma Saint-Exupéry, mas para embarcar juntos em atividades que consideram centrais e principais em suas vidas. Cícero também se refere à união entre amigos quando ele faz Lélio dizer: "Cipião e eu fomos unidos nas mesmas atividades públicas e privadas, reunidos em casa tanto nos tempos de paz como nos de guerra, e, entre nós, sempre houve aquilo que cria os laços da amizade: uma perfeita concordância de desejos, preferências e sentimentos."[14]

Também é por meio dessa vida em conjunto que me comunico melhor na existência do meu amigo. Em um texto forte e bastante denso, Aristóteles desenvolve essa ideia de comunhão. Pela amizade, eu me comunico na consciência que meu amigo tem de sua própria existência. Pois, do mesmo modo como sentimos que vivemos e existimos por meio da atividade e obtemos prazer disso, também por intermédio da amizade sentimos nosso amigo viver e existir. E a união é tão profunda que a bondade da vida do nosso amigo se estende para nós e nos traz prazer. Na amizade existe quase uma comunhão, uma fusão de dois seres e sua bondade legítima. O amigo é *outro "eu"*. Tudo o que vivencio ele também vivencia.

> *[...] e se o homem virtuoso é para si, ele também o é para seu amigo (pois seu amigo é outro "eu"): – se tudo isso for verdadei-*

ro, assim como seu próprio ser é desejável para cada homem, assim, ou quase assim, é o do seu amigo. Ora, já vimos que o seu ser é desejável porque ele percebe a sua própria bondade, e tal percepção é agradável em si mesma. Ele necessita, por conseguinte, ter consciência também da existência de seu amigo, e isso se verificará se viverem em comum e compartilharem suas discussões e pensamentos; pois isso é o que o convívio parece significar no caso do homem, e não, como para o gado, o pastar juntos no mesmo lugar. (EN 1170b5-14)

O tipo de amizade na intuição de Aristóteles, e de sua provável experiência, coaduna-se perfeitamente com as aspirações dos filósofos personalistas, que buscam por uma comunicação interpessoal profunda e autêntica. Nessa amizade continuamos a ser dois, mas somos um só em uma atividade grandiosa e nobre que alcançamos juntos. A consciência da bondade do meu amigo completa-me com a exata quantidade de alegria, como se esta fosse minha. A felicidade do meu amigo torna-se minha felicidade.

Tão forte é esse tipo de amizade que, obviamente, é impossível ter muitos amigos.

[...] pois ser um grande amigo de muitas pessoas é algo impossível. Por essa mesma razão, não podemos amar várias pessoas ao mesmo tempo. O ideal do amor é ser como que um excesso de amizade, e isso só se pode sentir por uma pessoa, do que se segue que também só podemos sentir uma grande amizade por poucas pessoas. (EN 1171a10-13)

Igualdade e desigualdade

A amizade perfeita do tipo descrito por Aristóteles implica igualdade de ambos os lados: igualdade em valor e em status. Portanto, torna-se algo perfeitamente realizável quando duas pessoas de igual virtude realizam atividades nobres e gratificantes em conjunto. Mas seria a amizade possível quando uma relação envolve desigualdade? Quando uma parte é superior à outra?

> *Mas existe outra espécie de amizade, a saber: a que envolve uma desigualdade entre as partes, como a de pai para filho e, em geral, de mais velho para mais jovem, a de marido para mulher,*[15] *e, em modo geral, de governante para súdito [...]. Nenhuma das partes, portanto, recebe o mesmo da outra tampouco deveria buscar por isso; porém quando os filhos prestam aos pais aquilo que devem prestar aos que os puseram no mundo, e os pais aquilo que devem prestar aos filhos, a amizade entre tais pessoas é duradoura e excelente.* (EN 1158b12-24)

É, por conseguinte, possível construir uma amizade com base na desigualdade, desde que não neguemos a existência dessa iniquidade desde o início. Pelo contrário, ao reconhecê-la somos capazes de criar laços fortes e verdadeiros entre as partes. Podemos, inclusive, restabelecer uma forma de igualdade – uma que seja proporcional.

> *Em todas as amizades que envolvem desigualdade, o amor também deve ser proporcional, ou seja, o melhor deve receber mais amor do que dar [...], pois quando o amor é proporcional ao mérito das partes, estabelece-se, em certo sentido, a igualda-*

de, que é indubitavelmente considerada uma característica da amizade. (EN 1158b23-28)

Além disso, Aristóteles retorna ao caso dos homens e das mulheres, ou casais unidos pelo matrimônio. Desigual, aos seus olhos, em status, sua amizade permanece de ordem inferior. Contudo, dentro de seus parâmetros específicos, ambos podem ir bem longe rumo à amizade verdadeira.

[...] utilidade e prazer parecem ser encontrados nessa espécie de amizade. Todavia, ela pode basear-se também na virtude, se ambas as partes forem boas; pois cada uma tem sua virtude própria, e ambas se deleitam nesse fato. (EN 1162a24-26)

Essa amizade entre partes iníquas também pode ser encontrada entre mestre e escravo, o que, no que concerne a Aristóteles, é um "instrumento para se viver" dentro da família.

Como escravo, portanto, uma pessoa não pode ser sua amiga. Mas como homem isso é possível. (EN 1161b6-7)

A amizade e a completude da vida humana

Vimos claramente que a amizade deseja o que é bom para o outro. Amizade perfeita também leva o amor de um ser à completude e não tenta suprimi-lo. Aristóteles levanta a seguinte questão: Seria o homem bom um egoísta? É claro que é, ele responde, pois deseja sua própria perfeição, generosidade e sua mais perfeita realização. Assim sendo, ele está pensando em si mesmo. Todavia, é deveras distinto do egoísta conhecido pelo senso comum do mundo em que vivemos, ou seja, de alguém que se encontra fechado para si mesmo, em busca do próprio prazer. Aristóteles prossegue falando lindamente sobre a amizade:

> *É fato que o homem bom pratica muitos atos em prol de seus amigos e de sua pátria, e, se necessário, dá a vida por ambos; ele abrirá mão de riqueza e honras, e, em geral, dos bens que são objetos de competição, ganhando para si a nobreza; uma vez que prefere um breve período de prazer intenso a outro bem mais longo de prazer mediano; doze meses de uma vida nobre a muitos anos de uma existência insípida; uma só ação nobre e grandiosa a inúmeros atos triviais. Ora, os que morrem pelos outros sem dúvida alcançam tal resultado; é, pois, um grande prêmio que escolhem para si mesmos. Os homens bons também se desfazem de suas riquezas para que os seus amigos possam ganhar mais, pois, enquanto o amigo de um homem adquire riqueza, ele próprio alcança nobreza: é a ele, portanto, que cabe o maior bem. O mesmo também se aplica à honra e ao trabalho público, pois tudo isso ele sacrificará ao seu amigo; porque tais atos são nele nobres e louváveis. Com razão, nesse caso, ele é considerado bom, uma vez que escolheu a nobreza acima de qualquer outra coisa. E ele pode inclusive deixar a ação ao seu amigo; em determinadas circunstâncias, sermos a causa da ação de um amigo é mais nobre do que nós mesmos agirmos.* (EN 1169a17-34)

Nos próximos capítulos, discorreremos sobre as grandes e nobres atividades que permitem que nos tornemos plenamente realizados. As atividades descritas por Aristóteles como virtuosas – uma vez que derivam de uma intrínseca disposição estável – podem, às vezes, parecer árduas: ser corajoso, moderado, generoso etc., mas são mais fáceis quando compartilhadas com amigos. É por isso que Aristóteles nos diz o seguinte: "[...] se ele vivesse como um solitário, a vida lhe seria dura". (EN 1170a5)

3

A FOME PELA VERDADE

Qual é a atividade mais elevada? Para Aristóteles, a busca pela felicidade está ligada a essa questão. Por "atividade mais elevada", devemos entender a mais pura, a mais sublime, aquela que nos permitirá progredir mais no desenvolvimento de nossa humanidade. Também é a atividade que representa o fim de todas as demais, a pedra angular de toda a nossa busca e de nossos desejos. Trata-se da atividade mais unificadora, aquela que reúne todas as capacidades e todas as forças ao exaltar sua orientação.

Na verdade, essa "atividade mais elevada" ainda precisa ser definida, o que pode parecer surpreendente, considerando-se tudo o que já foi dito a respeito da felicidade, da virtude e da amizade – em especial da amizade, pela qual nossa sociedade contemporânea tem preferência. Podemos pensar de maneira espontânea que encontramos nossa mais profunda realização em um relacionamento com outra pessoa, no encontro com outro indivíduo. Aristóteles também considerou essa possibilidade. Por que outra razão teria ele explanado de maneira tão ampla a amizade nos Livros 8 e 9 da Ética? Como já estabelecemos, ele não concebia a felicidade como um fim em si mesma. Na amizade não é suficiente apenas continuar vivendo com outra pessoa e obter prazer dela. A amizade é uma forma de comunhão que está aberta a algo diferente de si mesma. Ser amigo é estar junto e inclinado na direção de um mesmo bem. Ainda permanece a escolha quanto ao bem que deveria ser perseguido em conjunto. Dois grandes objetivos estão disponíveis para os amigos: a busca pela justiça na cidade-estado e a busca pela verdade.

A busca pela justiça, sobre a qual discorrerei no próximo capítulo – fazer o bem juntos, organizar a sociedade em prol do maior benefício para todos –, é, de fato, uma atividade nobre e grandiosa, ainda mais pelo fato de que contamos com nossos amigos para alcançá-la (a justiça), e que eles (os amigos), em contrapartida, contam conosco. *A busca pela verdade* – procurar compreender todas as coisas com base em suas causas mais fundamentais – é uma escolha mais solitária na vida, porém, novamente, persegui-la em companhia de amigos promove mais felicidade. Aristóteles não faz segredo quanto ao fato de que prefere essa última atividade, pois ela se relaciona com aquilo que é mais específico, nobre e divino no homem. Precisamos apenas olhar para sua própria vida e as escolhas que fez. Aristóteles seguiu rumo ao local em que seu temperamento como buscador da verdade o levou. Se desejarmos saber de que modo a busca pela verdade poderá nos levar ao ápice da felicidade, não há melhor maneira de descobri-lo que tomar um desvio e seguir o próprio itinerário de Aristóteles.

A vida de Aristóteles

Quem, afinal, foi Aristóteles? Eu gostaria de dizê-lo a você, com base no que se sabe a respeito da vida dele, como eu imagino que ele tenha sido e vivido.

Parece-me que, em seus anos de maior maturidade, Aristóteles era um daqueles homens bastante cultos, que sabia como ouvir e era apaixonadamente interessado pela realidade, além de curioso a respeito de tudo o que havia para ser descoberto. Homens desse tipo permanecem alertas e atentos, sem, entretanto, se deixarem sobrecarregar de informações, pois têm bom julgamento. Eles sabem de que modo distinguir entre o que é verdadeiro e falso, entre o que é essencial e secundário. Eles conseguem identificar boas intuições. São firmes e abertos, além de capazes de entusiasmar. Eles sabem como se juntar no calor de uma busca, mas também sabem como parar, permanecer em silêncio, olhar e contemplar. Eles buscam reunir seus conhecimentos, estabelecer uma unidade em si mesmos. É por isso que eles ficam tanto tempo isolados, para meditar e internalizar o que sabem, para avaliar as coisas. Estão menos interessados na soma total de seu conhecimento que em ter uma visão exata do mundo; menos interessados no que os outros pensam deles que na verdade propriamente dita. Não acho que seria exagerado dizer que Aristóteles era mais ou menos assim, embora fosse um tipo de enciclopédia ambulante. Platão o apelidou de "O Leitor". Antes de alcançar esse estágio, entretanto, ele teve de trilhar seu caminho conforme seu talento particular.

Quando Aristóteles chegou a Atenas, tinha apenas 17 anos. Era filho de Nicômaco (nome que mais tarde ele daria ao filho, nascido de um segundo casamento), médico do rei Amintas, pai de Felipe II da Macedônia. Além disso, Aristóteles mais tarde retornaria à corte da Macedônia, convidado por Felipe, para ser o tutor de seu filho Alexandre.

Até que ponto Nicômaco, o pai, influenciou Aristóteles, o filho? É difícil dizer. Aristóteles perdeu ambos os pais ainda muito cedo em sua vida, aos 11 anos. Contudo, ninguém que tenha atrás de si uma lista tão longa de médicos – em sua família, a sucessão era passada de pai para filho – deixará de herdar algo de valor nessa área. Não existe a menor dúvida de que Aristóteles deve à sua ancestralidade seu interesse pela realidade, sua paixão pelo mundo vivo – algo que ele estudou em todos os aspectos e, inclusive, dissecou a ponto de que ele próprio se tornou conhecido como "pai da Biologia".

Em Atenas, seu primeiro mestre foi Platão, homem cujo temperamento diferia bastante do de Aristóteles. Enquanto Platão gostava de se aventurar na esfera da pura contemplação, dando as costas para a realidade lógica, Aristóteles queria permanecer constantemente em contato com o real. Ele amava todas as formas de experiência, sem, entretanto, jamais entrar em conflito com o que era sensato e prático. Nosso mundo é o "sublunar", ele diria mais tarde, ao elaborar seus estudos de cosmologia. Esse mundo "abaixo da lua" foi o único ao qual fomos chamados a habitar.

Por ora, podemos imaginar Aristóteles, logo depois de completar 18 anos, sob a tutela de Platão. Confrontado com as escolas filosóficas que existiam em Atenas – pelo menos duas em sua época, sem mencionar os retóricos e outros sofistas –, Aristóteles não hesitou. Ele escolheu a Academia, que fora fundada por Platão vinte anos antes. Em uma cidade no auge de sua efervescência intelectual, a escola se diferenciava com um brilho especial. Era lá que os que buscavam a verdade se tornavam os filósofos-reis do amanhã. Havia uma necessidade urgente por esses homens, tanto de uma perspectiva filosófica quanto do governo da cidade. Atenas caíra num estado democrático frouxo e negligente, próximo de uma anarquia, e precisava de nova inspiração. Na escola de Platão, os homens aprendiam a contemplar a "cidade ideal", precisamente para poderem aplicar suas ideias.

Aristóteles estava mais que interessado; ele se sentia fascinado pela poderosa inspiração de um mestre que era, ao mesmo tempo, brilhante e envolvente. Com Platão, ele aprendeu a ter fome pela verdade e pela contemplação essencial. Ele beberia profundamente daquela fonte. Por vinte anos, com olhos e ouvidos bem abertos, ele absorveu tudo por cada um de seus poros. Platão deu a ele o apetite pela reflexão, pela compreensão e pelo seguimento do seu pensamento além dos limites na procura de causas finais. Ele exercitou sua mente de modo bem parecido como um atleta costuma fazer com seus músculos. Tudo o interessava: política, questões humanas e também as de caráter celestial, como a natureza, as estrelas. Ele se atirou completamente na busca pela verdade.

Platão, por sua vez, reparou em Aristóteles, referindo-se a ele não apenas como "O Leitor", mas também como "cabeça pensante", o que era tão bom quanto chamá-lo de cérebro da escola. Logo Platão o transformou em seu assistente. Aristóteles saiu-se tão bem que se tornou responsável por um curso de retórica. Ele permaneceria na Academia por vinte anos, até a morte de Platão. Ainda assim, o discípulo não concordava plenamente com seu mestre, em especial no que dizia respeito a sua abordagem da realidade. Para Platão, a realidade existente era enganosa. A política lhe confirmara isso quando Atenas, uma cidade supostamente tão apaixonada pela justiça, condenara à morte "o mais justo entre todos os homens", Sócrates, que se recusara a seguir adiante com um projeto cuja honestidade era duvidosa. Onde então estava a verdadeira justiça – aquela que não era fraudulenta? Ela era apenas visível para os olhos da alma que desejava ascender do mundo visível para o invisível – o mundo das Ideias. Era essa contemplação da Ideia, ou do modelo perfeito, da justiça – Justiça *em si mesma e voltada para o próprio bem* – que poderia inspirar decisões justas. Em resumo, para Platão, a verdadeira realidade não era visível, tampouco "sensata", como aquela percebida pelos sentidos. Ela estava além desse mundo; ela o transcendia.

Aristóteles, em contrapartida, chegou a uma conclusão diferente. Ele se sentia fortemente atraído por tudo o que acontecia no mundo material. Ele gostava de tocá-lo, dissecá-lo. Acreditava ser possível desenvolver conhecimento começando apenas com aquilo que era apresentado aos nossos sentidos, nosso toque, nossa visão, nossa audição – em suma, nossa experiência. Ele também queria, apaixonadamente, alcançar uma compreensão profunda e cabal da realidade. Aristóteles sabia que isso seria impossível de atingir apenas com os olhos da mente ou a inteligência. Para ele, entretanto, o esforço da mente – sua tensão, alguém poderia dizer – era uma tentativa de penetrar naquilo que era material e visível, ganhar acesso ao âmago das coisas, enquanto para Platão esse esforço consistia em afastar-se da realidade sensata, rumando para aquilo que repousava além do inteligível.

Em que momento Aristóteles se distanciou de seu mestre? Enquanto ainda estava na Academia? Mais tarte, quando se fechou numa vida solitária? Ou somente quando, depois de se tornar o mestre de uma escola, ele adquiriu sua própria importância como filósofo? Especialistas no assunto ainda debatem essa questão. Sabemos apenas que ele tentou o método dialético de Platão; os poucos fragmentos dos seus diálogos socráticos que ainda existem comprovam isso. Ainda assim, mesmo nesses escritos antigos nos quais ele imita o homem que o instruía, Aristóteles não se mostra em perfeita sintonia com Platão. Ele tem sua própria maneira de pensar. Sabemos o que lhe custou distanciar-se desse modo graças a algo que confidenciou em *Ética a Nicômaco*. Isso aparece de forma discreta como um comentário à parte no Livro I, no ponto em que ele discute precisamente a tese de Platão.

> *[...] é preferível e é mesmo nossa obrigação destruir o que nos toca mais intimamente a fim de salvaguardar a verdade, em especial por sermos filósofos e amantes da sabedoria; porque, embora ambos nos sejam caros, a piedade exige que honremos a verdade acima de nossos amigos.* (EN 1096a13-17)

Aristóteles transformou a busca pela verdade no eixo principal de sua via. Ao entrar na Academia, ele já optara pela verdade. Na óptica de Platão, não havia esperança de alguém tornar-se um bom filósofo antes de chegar aos 50 anos, e, ainda assim, essa pessoa teria de buscar a verdade *com toda a sua alma*. Isso quer dizer que teria de dedicar a melhor parte de si, senão todo o seu ser a essa empreitada. Em *A República*, diz: "Ninguém deveria mostrar mais respeito por um homem que pela verdade".

Com a morte de Platão, a situação se resolveu sozinha. Platão alcançara uma idade avançada, enquanto Aristóteles atingira total maturidade como homem: ele tinha 38 anos. Ele poderia ter assumido o controle da Academia, e quem sabe dado a ela uma ênfase diferente, mas não foi isso o que aconteceu. A Academia acabou ficando nas mãos de Espêusipo, sobrinho de Platão. Assim, Aristóteles fez as malas e seguiu seu próprio caminho. Ele retornou para mais perto de sua origem macedônia, indo para a ilha de Lesbos. Lá, tornou-se um homem que apreciava a vida ao ar livre, passando a explorar todas as coisas da natureza: não apenas a fauna e a flora, mas também o céu e seus habitantes quase divinos, as estrelas.

A extraordinária abundância de vida, entretanto, não o assustou; pelo contrário, ele ficou fascinado. Sua obra *História dos animais* o mostra engajado em contar o número de guelras nos peixes ou de espécies de pássaros. Ele também estudou profundamente os movimentos no céu, pelo que parece a ponto de conseguir prever a passagem de um cometa. Aristóteles era o tipo de homem obstinado em sua determinação de compreender de que modo o mundo funcionava e para onde estava indo. Ele anotava e classificava o que enxergava, buscando definir tão bem quanto possível as articulações da realidade observada. Ele se baseava profundamente nos fatos para evitar perder-se no imaginário.

Aristóteles desconfiava da ilusão que pode acompanhar o entusiasmo por certas teorias.

> *Discussões sobre questões que dizem respeito a sentimentos e ações são menos confiáveis que fatos: assim, entram em conflito com os fatos da percepção acabam sendo desprezados e, inclusive, desacreditando a própria verdade [...]. Os argumentos verdadeiros parecem, portanto, mais úteis, não apenas para a ciência, mas também para a própria vida; uma vez que ambos se harmonizem com os fatos, passamos lhes dar crédito, e, desse modo, aqueles que acreditam nesses argumentos se sentem estimulados a viver de acordo com eles.* (EN 1172a34-b7)

Esse é outro ponto divergente entre Aristóteles e Platão. Platão prontamente se valia de mitos como uma introdução para a contemplação de Ideias; ele era um poeta. Utilizava-se da imaginação para ampliar a inteligência. O método de Aristóteles era bem diferente. Se ele acumulava observações em todos os campos possíveis – imagine seu extraordinário compêndio de constituições políticas; seu minucioso e detalhado estudo do caráter humano encontrado mais além na Ética –, era porque desejava permanecer tão próximo quanto o possível do que as coisas realmente representavam. Essas coisas não poderiam ser conhecidas sem o contato, sem o toque físico – e por toque compreendem-se todos os sentidos. Henri Bergson, filósofo dos nossos tempos, tem um bom entendimento desse processo pelo qual as coisas são conhecidas na visão de Aristóteles: "Seria como estender a visão dos olhos para a visão da mente [...]. Como, por meio de um esforço poderoso da visão mental, penetrar no material que recobre cada elemento e ler sua fórmula – invisível a olho nu – que o formato material se revelava e manifestava".[1]

Se as coisas se apresentam para serem vistas, é por causa do contato que temos com elas, pela conexão que leva a inteligência a compreender, em nível profundo, sua inteligibilidade e sua própria razão de existir.

A vida da mente vivenciada em sua completude

Esse desvio na vida de Aristóteles ilumina a direção na qual deveríamos buscar a felicidade. Esta, afinal, somente poderá estar na atividade daquilo que é para o homem mais nobre e extraordinário: a atividade da inteligência.

> *Agora que falamos sobre as virtudes, as formas de amizade e as variedades do prazer, resta discutir a essência da natureza da felicidade, uma vez que afirmamos que ela é o fim da natureza humana [...]. Dissemos, pois, que a felicidade não é uma disposição [...] e deve ser classificada como uma atividade.* (EN 1176a29-34)

> *Se a felicidade é uma atividade em pleno acordo com a virtude, é razoável imaginar que ela deveria estar em conformidade com a virtude suprema – e isso seria o melhor que existe em nós. Seja a razão ou qualquer outra coisa o elemento considerado como nosso guia e governante – em considerar as coisas nobres e divinas –, tal atividade em acordo com sua própria virtude será a felicidade perfeita. Já dissemos que essa atividade é contemplativa.* (EN 1177a10-18)

Diversos pontos nesse texto demandam um exame mais profundo: a virtude em questão é a *sabedoria*, sendo sua atividade contemplativa ou *teórica*, como afirma a palavra grega. Retornaremos a isso mais tarde. Se a sabedoria é a virtude suprema, é pelo fato de surgir para coroar, aperfeiçoar ou até dar vida e tornar verdadeiro o que o homem traz dentro de si: sua capacidade de ir além do que é sensato, visível e finito, e alcançar o invisível e o infinito.

A mente como o melhor em nós

Fundamentando a explanação de Aristóteles também está a convicção de que "o melhor em nós" está relacionado à alma. À inteligência – em especial em sua maior capacidade, ou seja, aquela de compreender uma coisa pelo que realmente é – deveria ser dada a maior importância.

Compreender algo é diferente de raciocinar, discorrer ou debater sobre isso. Significa nos abrirmos para a coisa propriamente dita, em vez de fingir dominá-la por meio da razão, estabelecendo conexões e/ou classificando-a. Compreender é conectar-se com algo na intimidade de sua existência. Somente conseguimos fazê-lo adotando uma atitude que abrigue, simultaneamente, penetração intelectual e o ato de ouvir, de modo ativo e passivo ao mesmo tempo. A mente trabalha na captação daquilo que forma a base inteligível da coisa que está diante dela, indo além do que é visível, até conectar-se pela intuição. A intuição é o momento no qual o *logos* (a inteligência) faz contato com o *logos* (o que é inteligível no objeto). Afinal, como já foi dito no Capítulo I, tudo é iluminado de dentro para fora por sua inteligibilidade.

Essa faculdade como "cabeça" do *logos* mental – a inteligência que está apta a fazer contato com o objeto em sua inteligibilidade intrínseca – é o que Aristóteles denomina de *nous*, e o que os falantes da língua latina mais tarde chamariam de inteligência, insistindo na etimologia do termo *intellectus* (ler o que está dentro). Aristóteles sente profunda admiração por essa capacidade "noética", que ele encontra em si mesmo e em todos os homens. Não há nada mais "divino", tampouco mais "nobre". E, ao mesmo tempo, não existe nada mais caracteristicamente humano.

> *[...] pois, ainda que seja pequeno quanto ao lugar que ocupa, supera a tudo o mais pelo poder e pelo valor. E parece, também, que esse elemento é o próprio homem, tendo em vista que é a sua parte dominante e a melhor dentre as que o compõem. Seria estranho, portanto, que não escolhesse a vida do seu próprio ser, mas a de outra coisa [...] para o homem, a vida conforme a razão é a melhor e mais aprazível, uma vez que a razão é, acima de tudo, o próprio homem. Essa vida, portanto, é também a mais feliz.* (EN 1178a1-9)

Se aceitarmos isso, à parte da razão, não existirá uma vida verdadeiramente humana ou feliz; ainda haverá trabalho a ser feito, pois a contemplação envolve a lenta penetração das questões, como já descrito por Bergson. Como iniciamos? Consentindo que a fome pela verdade surja novamente em nós e, então, permitindo a nós mesmos ser penetrados, como os primeiros filósofos ou as crianças, pelo espanto.

A fome pela verdade

Se apenas soubéssemos como ouvir nossos desejos em seu nível mais profundo, perceberíamos que a fome pela verdade e pelo conhecimento ainda está lá, intacta. Essa é uma das maiores e mais profundas aspirações de nossa mente. Qualquer um que se interesse pela busca por novas descobertas conhece o prazer e a felicidade vivenciados ao fazê-las. Todos nós, entretanto, temos em nosso âmago esse chamado para ser um buscador; um investigador da verdade a respeito de nós mesmo e do mundo.

> *Por sua própria natureza, todo homem deseja saber. Uma indicação desse fato é o prazer percebido em nossos sentidos; pois mesmo à parte de sua utilidade, todos são amados pelo que representam em si mesmos.* (Meta. 981a21)

Aqui Aristóteles está apontando para um desejo gratuito pelo conhecimento – que não se justifica em termos de sua utilidade prática. Ele (o conhecimento) não nos ajuda a comandar melhor nossa casa, nem a construí-la, tampouco a conduzir nossos negócios. É um conhecimento que não objetiva nada além de si mesmo e se parece com uma luz interior que causa prazer. É como se a nossa inteligência descobrisse o que há de bom nele e também seu prazer no simples fato de saber, na inteligibilidade das coisas. Isso, nos diz Aristóteles, é o sinal de uma profunda aspiração da mente.

Se observarmos as crianças, veremos que elas adoram descobrir coisas e se espantam com o que encontram. Elas admiram as coisas. É importante para nós – adultos – reter essa capacidade de admirar, de ser dominado pelas coisas, pela beleza que elas trazem em si. A criança menor e mais jovem é capaz de nos ensinar isso. As crianças também nos fazem perguntas surpreendentes. "Com frequência ouvimos da boca das crianças palavras cujo significado é bastante filosófico", escreve Karl Jaspers, outro filósofo dos nossos tempos (já falecido). "Uma criança afirmou abismada, 'Eu estou sempre tentando pensar que sou outra pessoa, mas ainda sou sempre eu mesma'. Ela (a criança) estava tocando naquilo que é a origem de toda a certeza, a consciência do ser por meio do conhecimento de si mesmo. Ela permanecia dominada pelo enigma do ser – um mistério que nada consegue resolver. Ali estava a criança, confrontada por tal limitação, imaginando. Outra, que ouvira a história do Gênesis, 'No princípio, Deus criou os céus e a terra', perguntou na mesma hora, 'Então o que havia antes do início?'".[2]

Com frequência o adulto perde essa "capacidade natural de espantar-se", algo que flui tão naturalmente na infância. O filósofo deseja reencontrar essa capacidade para que ela possa brotar novamente.

De maneira histórica, o espírito do espanto é encontrado bem no início da filosofia. Os primeiros filósofos ocidentais tinham essa atitude de espantar-se. Foi isso o que permitiu a eles enxergar o mundo com diferentes olhos. Foi isso o que permitiu o início da reflexão filosófica. Antes disso, as pessoas se mostravam satisfeitas com profundas explicações mitológicas. A mente se baseava e colocava sua fé na história como registrada nos mitos.

Aristóteles, que releu a história da filosofia para encontrar seu próprio espaço dentro dela, oferece-nos o seguinte resumo:

> *É por causa de seu espanto que os homens começam agora, assim como o fizeram no início, a filosofar; seu espanto se deu primeiramente em relação às dificuldades óbvias, então, pouco a pouco eles perceberam dificuldades maiores, relacionadas, por exemplo, não somente com fenômenos da lua, do sol e das estrelas, mas também com a gênese do universo. E um homem que se sente confuso e questiona considera a si mesmo ignorante [...] assim, uma vez que filosofavam para escapar dessa*

ignorância, evidentemente estavam buscando a ciência para saber, não por qualquer fim utilitário. (Meta. 982b11-20)

O espanto, assim como a alegria que o acompanha, são indicadores claros da felicidade de saber e compreender. O verdadeiro pensamento começa pelo espanto. É como se, antes de sair em sua jornada, a mente precisasse parar diante das coisas que vai descobrir. Essa é a primeira experiência deslumbrante que aguarda uma surpresa ainda maior e mais profunda no fim da jornada – o que Aristóteles chama de contemplação. Todavia, leva tempo até que alcancemos esse ponto. Primeiramente temos de explorar o real e suas articulações. Esse é um processo que demanda grande esforço da mente e no qual podemos perder nossa trilha.

A investigação da verdade é, de certo modo, difícil, de outro, fácil. Uma indicação disso é encontrada no fato de que ninguém é capaz de conquistar a verdade de maneira adequada. (Meta. 993a30)

Em contrapartida, Aristóteles nos diz que não fracassamos por completo.

É só que deveríamos ser gratos, não somente com aqueles cujas perspectivas concordamos, mas também com os outros que expressaram visões mais superficiais. (Meta. 993b13)

Aristóteles é um homem prudente e humilde. Ele não confia somente em seus pontos fortes, mas também se baseia nos esforços de pensadores que o precederam, ou seja, nos primeiros filósofos.

As quatro causas

Para Aristóteles, para os que vieram antes dele e, possivelmente, para filósofos de todos os tempos, a questão fundamental ainda permanece: como alcançamos a realidade? Com maior frequência, ela mais parece nos iludir que revelar a si mesma. Ela muda. Como disse Heráclito, no momento em que acreditamos tê-la desvendado, ela já se alterou. Ele não estava se referindo à inconstância do homem, mas a coisas naturais, como a semente de uma margarida que hoje desabrocha e amanhã vai perecer. Em que ponto ela é estável? Nunca. Na natureza a única lei verdadeiramente estável é a do *devir*. Se, no entanto, nesse movimento incessante entre a gênese e a decomposição as coisas são o que são e, de maneira simultânea, também são outras coisas que não eram, como devemos compreendê-las e conquistá-las? Como finalmente seremos capazes de entender o que as torna o que são? Como entenderemos a unidade de um elemento? Do mundo? Da natureza? O que cria a unidade do mundo além das várias partes que ele contém? Os primeiros filósofos, que também eram observadores, buscavam na natureza a única substância que está na base de todas as coisas. Para alguns, tratava-se da água, para outros, do fogo ou do ar.

> *Entre os primeiros filósofos, então, a maioria acreditava que os princípios que eram da natureza da matéria fossem os únicos de todas as coisas. Aqueles de que consistem todas as coisas, os primeiros a partir dos quais passaram a existir, os últimos em que se transformam (a substância restante, mas que se altera em suas modificações). Esta eles consideram o elemento e o princípio das coisas e, portanto, acreditam que nada é gerado ou destruído, uma vez que esse tipo de entidade está sempre conservado [...]*

> *Tales, o fundador desse tipo de filosofia, diz que o princípio é a água [...] Anaxímenes e Diógenes acreditam que o ar venha antes da água e do mais primário dos corpos simples, enquanto Hipaso de Metaponto e Heráclito de Éfeso afirmam ser o fogo.* (Meta. 983b6-984a6)

Os primeiros filósofos levantaram uma ótima pergunta: "De que é feita a realidade?". Sem percebê-lo, eles buscavam a *causa material*, sem, entretanto, levar em conta o dinamismo e a permanência da existência de todas as coisas. No melhor interesse do progresso, tentemos uma questão diferente, diz Aristóteles. Perguntemos a nós mesmos: "De onde vem a realidade?".

> *[...] por exemplo, nem a madeira nem o bronze causam a mudança em nenhum dos dois materiais, tampouco a madeira manufatura uma cama ou o bronze gera sozinho uma estátua; algo mais é a causa da mudança. E procurar por isso é buscar a segunda causa, como deveríamos dizer – aquela da qual surge o início do movimento.* (Meta. 984a24-27)

Esse segundo princípio é o de *causa eficiente*, que é fácil de identificar no caso de bens manufaturados – quem faz a cama é o marceneiro. Contudo, torna-se mais difícil determinar a resposta no caso de realidades naturais. Qual a origem do movimento na natureza?

Vejamos outra pergunta: "O que dá às coisas a forma que elas têm?". Qual é a causa de sua organização interna? O que oferece a elas seu formato e estilo? Ou, ainda, o que determina que certa coisa seja essa coisa, que um homem seja um homem? Buscar a *causa formal* é fazer a nós mesmos perguntas sobre o que define um objeto, o que o torna reconhecível. Quando diante de um copo, não temos a menor dúvida – sua forma nos diz tratar-se de um copo.

Aristóteles, entretanto, deseja se afastar do conceito prototípico de Platão. O que interessa a ele é o que existe de maneira concreta, em sua forma concreta; o que vejo pastando no campo é um burro, não o protótipo de um burro. Como, porém, devemos definir a forma de um burro? A causa formal é uma das mais difíceis de identificar, em especial na natureza.

A crítica de Aristóteles às ideias platônicas se dá, precisamente, pelo fato de elas não trazerem nenhuma explicação do movimento, da transição entre a possibilidade e a realidade. Platão mantém-se arraigado na causa formal, mas a gênese dos seres de algum modo precisa ser explicada. A causa eficiente somente pode ser explanada pela causa final, e não pelo acaso, como alguns filósofos pré-socráticos pareciam sugerir.

> *[...] nem poderia estar correto confiar ao acaso ou à espontaneidade algo tão grandioso* [o universo]. (Meta. 984b12)

A última pergunta a respeito das coisas é aquela que melhor revela a razão de ser: "Por que essa coisa foi criada? Com que objetivo?". Essa é a *causa final*, a mais interessante e a que descobrimos por último.

> *Aquela em função da qual ações, mudanças e movimentos acontecem; estes asseguram haver uma causa de certo modo, mas não desse modo, ou seja, não na maneira pela qual é de sua natureza ser a causa. Aqueles que falam sobre razão ou amizade classificam essas causas como bens; entretanto, eles não dizem como se qualquer coisa que exista, já exista*

> *ou passe a existir por causa delas, mas como se delas partissem os movimentos. Do mesmo modo que aqueles* [Platão?] *que afirmam que o Um ou o existente é o bem, que é a causa da substância, mas não que a substância seja ou venha a ser por causa disso. Portanto, vemos que, de certo modo, ambos dizem e não dizem que o bem seja uma causa; eles não o chamam de causa como bem, mas somente incidental.* (Meta. 988b6-15)

A causa material, a causa eficiente, a causa formal e a causa final. Ao ampliar o número de perguntas e linhas de abordagem, Aristóteles desatrela seu pensamento desse impasse. As coisas têm uma definição e, ao mesmo tempo, encontram-se num estado de movimento rumo a um fim, um objetivo. Essas quatro causas são um meio de conhecermos determinada coisa, e a causa final ostenta maior valor explanatório que as demais. Aristóteles refere-se a ela como a causa das causas. Trata-se daquela que nos oferece a melhor explicação, pois revela o "porquê". Em termos hierárquicos, ela se coloca como *causa primária.*

> *[...] os homens não pensam que sabem algo até que tenham compreendido o "porquê" de sua existência (o que significa entender sua causa primária).* (Fis. 194b19)

O conhecimento, de acordo com Aristóteles, requer paciência. Quão penetrante deve ser nossa contemplação para que compreendamos o "porquê" das coisas? No caso do homem na rua, eu poderia perguntar: "Por que você está fazendo isso?". Mas quando se trata de uma realidade natural, não é tão simples. E, ainda assim, a causa final é a pedra fundamental do conhecimento.

A suprema causa final

Que tipo de visão Aristóteles está buscando acima de tudo? Em primeiro lugar ele tenta ampliar sua perspectiva, estendê-la além do que lhe é familiar, em direção às coisas mais elevadas, às realidades mais divinas. A natureza ostenta uma extraordinária abundância de coisas para nos oferecer – sendo o estudo de cada uma delas apaixonantemente interessante. Há ainda o céu, com seus corpos celestiais, cujo movimento abriga algo de divino. Aristóteles nunca limita suas perguntas ao homem; há coisas mais nobres que o ser humano. É como se o homem fosse movido pelo universo. O homem é mortal, e as estrelas e o universo são eternos.

> *[...] seria estranho se a arte política ou a sabedoria prática fosse o melhor dos conhecimentos, considerando que o homem não é a melhor coisa do mundo.* (EN 1141a20-22)

> *[...] porque existem outras coisas bem mais divinas em sua natureza que o homem. O exemplo mais visível são os corpos dos quais os céus são povoados.* (EN 1141b1)

Os gregos da antiguidade não haviam alcançado o nível de conhecimento de nossos astrofísicos, mas eram fascinados pela ideia dos corpos celestiais, por seu movimento bastante regular, que parecia inalterável: um simples movimento – uma mudança no céu – que parecia escapar ao ciclo de "geração e deterioração" das realidades da Terra. Tudo isso os fazia pensar que os corpos celestiais estavam entre as realidades eternas. O homem, também, é presenteado com o movimento, e não apenas no sentido de locomoção, mas com todas as formas de "transformação": não apenas o crescimento e o progresso intelectual, mas também a deterioração e a morte. As estrelas são mais simples no modo como se movem; elas parecem incorruptíveis, imortais. Além disso, elas constituem o mundo, no sentido de que sem elas o céu entraria em colapso, enquanto o homem pode morrer sem afetá-lo. Tudo isso faz com que Aristóteles pense que as estrelas sejam as realidades mais supremas e divinas entre todas as coisas visíveis.

Pela prática da contemplação das estrelas, a inteligência aprende a ver mais. Ela progride em sua observação.

A inteligência também deve aprender a ver cada coisa em sua dimensão mais profunda, o que significa dizer pela perspectiva de seu fim. Para onde cada coisa está indo? Para que serve? Essas são as perguntas que a inteligência deve fazer se quiser entender algo em sua origem. Aristóteles acredita que a mente humana seja capaz disso; ele próprio deve ter passado por uma experiência intelectual poderosa quanto à origem da existência. Ele chegou ao entendimento de que a origem de tudo é o bem ao qual tende, e que, consequentemente, o verdadeiro conhecimento vê as coisas pela perspectiva de seu fim. A evolução de uma flor é compreendida em relação à sua finalidade: o nascimento de frutos. Todavia, as coisas não ocorrem de maneira isolada. Há uma ordem no universo que mantém tudo conectado. No fim, a flor retorna à terra, porque tudo está em um estado de movimento, e isso representa outra coisa boa. Aprender a contemplar é, portanto, acostumar-se a ver as coisas como parte de um todo, é ver que todas as coisas tendem para o bem, e, essencialmente, operam em conjunto para um bem final.

Deus e os deuses para os gregos e para Aristóteles

Na época de Aristóteles, a civilização grega estava impregnada por religiosidade, e todos os pensadores e homens de boa vontade se referiam ao divino. As origens da religião grega baseiam-se não apenas em mitos, liturgia e sacrifício religioso, mas também em mistério. Em seu livro *L'Idéal religieux des grecs et l'Évangile*[3] [O ideal religioso dos gregos e o Evangelho], A.J. Festugière descreve de que maneira, para os gregos, o mundo humano estava cercado de deuses, os únicos que eram abençoados, eternos e presenteados com a imortalidade; deuses com os quais os homens sonhavam parecer-se:

> *Se apenas um pudesse ser um deus! Felicidade, eterna felicidade, era o privilégio da divindade. Se alguém pudesse então se transformar numa divindade, pertencer à sua família, juntar-se à linhagem dos deuses. Se o abismo que separava homens e deuses pudesse ser transporto e houvesse uma relação diferente entre as partes, que não fosse aquela entre escravos e mestre, ou entre cidadãos e o deus da cidade, ou entre pessoas doentes e o curador das doenças; se pudesse existir uma união mais completa que afetasse a própria natureza do homem e, ao mostrar-lhe como manter uma ligação com o divino, desse a ele o direito de, após a morte, compartilhar a companhia dos deuses!*
>
> *Seria esse um sonho? Seria apenas um sonho? Ou não seria apenas uma questão de conquistar aquilo que havia de mais humano no homem, o que era mais essencial e específico de sua natureza? De tal modo que somente aqueles que atingissem tal apoteose fossem verdadeiramente homens, e somente os sábios que se parecessem com os deuses fossem de fato instruídos.*
>
> *Essa era a aspiração do pensamento grego. Foi Platão quem primeiramente deu a ele essa formulação específica. E a ligação*

que ele estabeleceu entre os conceitos do ser, do divino e da imortalidade deixariam sua marca nas subsequentes especulações teológicas.

O sentimento que o motivava enxertou-se na crença popular. Essencialmente, essa imortalidade abençoada desejada pelos homens seria apenas alcançada por meio de um processo de transformação no divino. Para tornar-se imortal, o homem teria de converter-se em um deus. Imortalidade, no pleno sentido da palavra, era única e exclusivamente um privilégio divino. Ela não pertencia de modo algum ao homem, em sua capacidade como tal. Ele começara a sê-lo e deveria terminá-lo. O nascimento pedia a morte. O homem, portanto, somente poderia tornar-se imortal alterando sua condição, sua natureza. De maneira mais precisa, e de acordo com Platão, permitindo que sua verdadeira natureza encontrasse a realização; ou, através dos mistérios,[4] estabelecendo um elo mais próximo entre si mesmo e um deus.

Aristóteles vivia numa cultura impregnada por essa noção de deuses. Como filósofo, ele desejava buscar o divino, a única coisa que permitiria ao homem livrar-se de um mundo em que tudo está "se transformando" e o nascimento inevitavelmente leva à morte. Ele acreditava, entretanto, que a religião tivesse sido deturpada ao longo do tempo.

Nossos ancestrais dos tempos mais remotos deixaram como legado uma tradição na forma de um mito – de que esses corpos são deuses e o divino envolve toda a natureza. O restante da tradição foi acrescentado mais tarde, de forma mítica, visando

> *à persuasão de todos e sua conveniência utilitária e legal; ela diz que esses deuses se apresentam na forma de homens [...]. Porém, se alguém separasse a primeira afirmação do que foi adicionado, e a considerasse por si só – que eles consideravam as primeiras substâncias como deuses, essa pessoa poderia considerá-lo um discurso inspirado e refletir que, enquanto provavelmente cada arte e cada ciência com frequência tenham se desenvolvido tanto quanto possível e, então, perecido, essas opiniões, além de outras, têm sido apresentadas até hoje como relíquias de um antigo tesouro. Somente até esse ponto, portanto, a opinião de nossos ancestrais e de nossos predecessores se revela clara para nós.* (Meta. 104b1-14)

Aristóteles reconhecia a virtude heroica de Sócrates,[5] que afirmava estar "servindo a Deus" e colocava essa tarefa acima de qualquer outra coisa, acima de sua própria reputação e sua vida: "Atenienses, eu vos venero e vos amo, mas devo obedecer a Deus e não a vós"; "Eu não agirei de outra maneira ainda que me exponha a morrer mil vezes ". Na presença de seus juízes, Sócrates explicou a verdadeira regra de conduta que ele próprio seguia: qualquer homem que escolhesse uma posição por julgá-la a mais honrosa, ou que fosse colocado naquela situação por um superior, deveria permanecer ali, independentemente do perigo, sem pensar na morte, tampouco em qualquer outro perigo, mas acima de tudo na vergonha. Seria uma ofensa grave "Quando, pois, Deus me ordenava, como penso e estou convencido, que eu vivesse como filósofo, examinando a mim mesmo e aos outros". A grande ofensa, no que diz respeito a Sócrates, seria "desobedecer a quem é melhor e sabe mais do que nós, seja deus, seja homem".

Quanto a Aristóteles, ele afirma a importância da religião na sociedade:

> *[...] um homem que não sabe se devemos ou não honrar os deuses [...] necessita de castigo.* (Top. 105a5)

> *Devemos ver quantas coisas são indispensáveis para a existência de um estado. [...] Em primeiro lugar deve haver alimento; em segundo, as artes, pois a vida demanda muitos instrumentos; em terceiro, deve haver armas, pois os membros de uma comunidade necessitam delas, e em suas próprias mãos, também, para manter a autoridade tanto contra os desobedientes como contra assaltantes que vêm de fora; em quarto lugar, deve haver certa quantidade de renda, tanto para necessidades internas quanto para a guerra; em quinto, ou talvez em primeiro, é preciso que haja o cuidado com a religião, que é comumente chamada de devoção.* (Pol. 1328b3-11)

Em sua essência, a religião faz o que é certo com respeito aos "deuses, a quem é nossa obrigação respeitar", isso quer dizer louvor e devoção. Ela também pode preparar nosso coração e nossa mente para uma vida virtuosa e canalizar nossa afetividade para que vivamos bem.

Mas o que é essa religião? Ela é monoteísta ou politeísta? Aristóteles parece estar dizendo que a verdadeira tradição foi preservada: "Eles dizem que esses deuses assumem a forma dos homens ou de alguns animais". Desse modo, a religião transformou-se em atos de devoção motivados pelo medo ou pelos ganhos. Fiel a seu método de se manter atento à realidade humana e a tudo que é humano, Aristóteles valoriza a religião. Ela pode ajudar os homens a viverem de maneira humana e se tornarem virtuosos; e a reconhecerem que acima deles existe o divino, que deve ser respeitado. Ele deseja, entretanto, purgar a religião de tudo o que é ilusório. Para ele, longe de suprimir a religião, a metafísica dá a ela fundamentação e certezas que, de outro modo, ela se arriscaria a perder com o passar do tempo.

O objeto da metafísica

Surge então a questão sobre o que a inteligência humana é capaz de nos dizer sobre Deus. Nisso se baseia todo o propósito da filosofia e, de maneira mais específica, da metafísica.

Aristóteles quer a verdade. Ele deseja estabelecer a ciência da verdade. Não se engane; em alguns aspectos a metafísica é uma ciência muito complexa. Não devemos encarar com desdém ou simplificar demais os meios pelos quais Aristóteles chega a um entendimento intelectual de Deus. Não é um processo fácil de dedução. Precisamos de um nível de inteligência que vá além do mero estabelecimento de fatos ou da investigação do *como*. A metafísica busca ir além de qualquer noção do assim e assado ou de um conjunto de coisas que são assim ou assado; deseja alcançar o verdadeiro cerne de cada uma delas. É por isso que Aristóteles diz que o objeto do estudo metafísico é existir *pela força de sua própria natureza*, e não em sua capacidade como algo assim e assado.

Para se convencer do rigor do pensamento aristotélico, precisamos apenas ler a *Metafísica*, sua análise de substância, realidade e potência; do "um" e dos "muitos"; do movimento e da definição das palavras no Livro 5. Aristóteles busca penetrar no âmago das coisas visíveis e em seu movimento, desde sua geração até a deterioração. Ele espera compreender a luz que reside nelas, sua inteligibilidade, sua capacidade de ser captada pela inteligência humana. Então ele olha para elas, para a existência delas, mas também reconhece que coisas visíveis não possuem sua própria existência; são coisas em movimento, em estado de "devir". Do modo como passam a existir e, mesmo assim, não existem por completo em si mesmas, Aristóteles deduz que, além dessas coisas, deve necessariamente existir um ser que simplesmente é, de modo eterno. A contemplação aristotélica é o olhar penetrante da razão que vê – não com os olhos, mas com a inteligência – uma presença, o deus.

Como a metafísica vê a Deus? Com base na realidade do movimento e do devir, Aristóteles busca a origem do devir, pois todo movimento implica não apenas uma causa eficiente, um motor, mas, acima de tudo, uma razão para a própria existência do movimento, um bem que dá origem ao movimento, que é a causa final.

> *Portanto, também existe algo que o move* [o Primeiro Céu, que é a fonte de movimento no universo] *e, uma vez que aquilo que é movido e se move é intermediário, há algo que move sem ser movido, sendo eterno, em substância e realidade. E o objeto de desejo e o objeto de pensamento se movem dessa maneira; eles se movem sem ser movidos.* (Meta. 1072a21)

Aristóteles também afirma, "Se não fosse verdade, o mundo teria surgido da noite 'tudo de uma só vez' (confusão universal) e a partir da falta de existência" (Meta. 1072a19-20), uma possibilidade que ele considera absurda. Seria a negação da inteligência.

> *Dessa maneira, o primeiro motor existe pela necessidade; e, uma vez que ele existe pela necessidade, ele é bom, e é nesse sentido que se dá o primeiro princípio. [...] Desse princípio,*

portanto, dependem os céus e o mundo da natureza. (Meta. 107b10-14)

Em alguns textos bastante densos (Meta. 107b14-21), Aristóteles tenta compreender o que essa vida de Deus e em Deus significa. Deus é o pensamento soberano que pensa por si mesmo, pois, em Deus, "a inteligência e o inteligível são a mesma coisa". E Aristóteles acrescenta que Deus sempre tem a imensa alegria da contemplação – a alegria que nós abrigamos apenas por alguns momentos efêmeros.

Dizemos, portanto, que Deus é um ser vivente, eterno, o bem [supremo], *de modo que a vida e a duração contínua e eterna pertencem a Deus; pois isso é Deus.* (Meta. 1072b26-30)

Por fim, Aristóteles pergunta a si mesmo de que maneira o universo contém o bem, o bem soberano:

[...] seja como algo separado e por si só, ou como a ordem das partes. Provavelmente em ambas as formas, como faz um exército; pois seu bem é encontrado tanto em sua ordem quando em seu líder, e ainda mais nesse último; pois ele não depende da ordem, mas ela depende dele. E todas as coisas são ordenadas juntas de algum modo, mas não são todas similares – tanto os peixes, quanto as aves e as plantas; e o mundo não é aquilo em que uma coisa não tem nada a ver com a outra; tudo nele está conectado. Todas as coisas estão ordenadas e juntas para uma finalidade. (Meta. 1075a11-18)

É óbvio que, quanto mais sábio um filósofo se torna, mais enraizada fica sua capacidade de filosofar e contemplar; mais essa atividade de olhar para Deus, nas coisas visíveis e através delas e de seu movimento, transforma-se numa fonte de alegria. Isso se torna a atividade mais contagiante, abençoada e jubilosa, e fonte – ouso até dizer – de um prazer extasiante. Essa atividade não é, portanto, uma investigação intelectual, um trabalho difícil, mas lazer. É como se a inteligência tivesse finalmente alcançado seu principal objeto. Ela repousa nele. É claro que a palavra "lazer" não tem aqui o mesmo significado usual, ou seja, o oposto de uma atividade séria. Trata-se do aperfeiçoamento da atividade intelectual, que para e se maravilha diante de seu objeto maior e mais precioso: Deus. Assim, o homem sábio se afasta da lei do devir e do movimento, do estresse e da atividade política, para se agarrar ao eterno: o motor primário e imutável. Por meio da contemplação, ele assume seu lugar, por um breve momento, fora do tempo.

> *E pensa-se que a felicidade depende do lazer; pois nos ocupamos para poder experimentar o lazer; e fazemos guerras para poder viver em paz.* (EN 1177b4-5)

> *Portanto, se entre as ações virtuosas as de índole militar ou política se distinguem pela nobreza e pela grandeza, e elas não encerram lazer, visam a um fim e são indesejáveis por si mesmas, a atividade da razão, que é contemplativa, tanto parece ser superior e mais valiosa pela sua seriedade como não visa a nenhum fim além de si mesma e possui o seu próprio prazer (que, por sua vez, intensifica a atividade), e a autossuficiência, o lazer, a inexistência de fadiga (tanto quanto possível ao homem),*

e todas as demais qualidades que são atribuídas ao homem absolutamente feliz são, evidentemente, as que se relacionam com essa atividade, ela será a felicidade completa do homem, se lhe for conferida uma existência completa (pois nenhum dos atributos da felicidade é incompleto). (EN 1177b15-25)

[...] pois, aos deuses e aos mais divinos entre os homens, o que mais fazemos é chamá-los de felizes e bem-aventurados. (EN 1101b24)

Mas esse tipo de vida [de contemplação] *é inacessível ao homem; pois não será na medida em que é homem que viverá desse modo, mas na medida em que algo divino esteja presente nele; e assim como isso é superior à nossa natureza, o mesmo ocorre com a sua atividade ao exercício do outro tipo de virtude. Se, então, a razão é divina em comparação com o homem, a vida em conformidade com a razão é divina em comparação com a vida humana. Mas não devemos seguir aqueles que nos aconselham a nos ocupar com coisas humanas, uma vez que somos humanos, e com coisas mortais, uma vez que somos mortais; mas, tanto quanto possível, devemos nos tornar imortais e nos esforçar para viver de acordo com o que há de melhor em nós; pois, ainda que seja pequeno quanto ao lugar que ocupa, supera a tudo o mais pelo poder e pelo valor.* (EN 1177b26-1178a2)

Embora, no plano metafísico, Aristóteles – depois de meticulosa investigação – assegure que o impulsionador primário e imutável seja a fonte de todo o movimento no universo e que todo esse universo seja, portanto, ordenado por ele, do mesmo modo como um general determina a ordem de seu exército, ele (Aristóteles) não fala de maneira explícita que Deus zela pela humanidade. Arraigado à cultura grega como era, e respeitoso em relação às leis humanas e às verdades ancestrais transmitidas desde os primórdios, Aristóteles, fundamentando seus pensamentos na opinião geral e naquelas dos sábios, afirmou em várias ocasiões em seus trabalhos que os deuses de fato cuidam das questões humanas (EN 1179a24). Eles sabem de tudo (Poet. 1454b5, Ret. 1397b12), eles introduzem a ordem no universo (Pol. 1326a32), eles oferecem dádivas aos homens (EN 1099b12) e vêm oferecer ajuda às vítimas de injustiça, aos ofendidos (Ret. 1383b9). Ele nos conta que Homero estava certo em chamar Zeus de "pai dos deuses e dos homens", pois era o rei de todos eles (Pol. 1259b13). Aristóteles nos conta que Deus reconhece nossas oferendas e que a sorte depende dele (EE 1243b12, 1248b).

A contemplação metafísica é um ato da inteligência. É como a realização daquilo que é mais maravilhoso no ser humano e no universo. Ao mesmo tempo, entretanto, trata-se de uma atividade que respeita a Deus. É isso o que R.A. Gauthier nos diz em seus *Comentários sobre Ética a Nicômaco*: "O que desapareceu com Aristóteles foi provavelmente a ideia de um deus que não era plenamente inteligível; de um conhecimento que não era totalmente baseado na inteligência. Porém, por toda a sua natureza intelectual, a contemplação aristotélica, mesmo na Ética, permanece, senão mística, pelo menos religiosa. Isso não separa a contemplação da honra, porque sabe que na contemplação ela não toca a menor parte de Deus, e que deve adorar a imensidão daquilo que, naquele que ama, lhe escapa".[6]

Contemplação filosófica e experiência mística

Em certos momentos, os diálogos de Platão dão a impressão de serem verdadeiras experiências com Deus. Para nos convencermos disso, basta que leiamos *O banquete* (também conhecido como *Simpósio*) e/ou *Fédon*. Em Platão, a poesia se mescla ao misticismo. Aristóteles deseja enraizar seu conhecimento de Deus em uma ciência filosófica apropriada. Nessa filosofia não há espaço para mitos, ilusão ou poesia. Ele reconhece, todavia, em seu primeiro trabalho sobre a ética, *Ética a Eudemo*, que de fato existem indivíduos inspirados ou profetas.

> *[...] são chamados de afortunados aqueles que, independentemente do que iniciem, alcançam o sucesso, sem serem bons no raciocínio. A deliberação não é vantajosa para eles, pois trazem em si um princípio que é melhor que o intelecto e a deliberação, enquanto os outros não contam com isso, apenas com o intelecto; eles têm inspiração mas não conseguem deliberar. Pois, embora lhes falte a capacidade de raciocinar, eles são bem-sucedidos.* (EE 1238a30-33)[7]

Parece que vemos essas pessoas inspiradas mais como homens que possuem um instinto divino mais elevado que a virtude do que os poetas, profetas e videntes de que fala Platão.

A contemplação aristotélica não é, portanto, uma experiência ou um encontro com Deus, como no misticismo cristão. Tampouco uma vida ascética destinada a produzir um vazio ou entrar em contato com o verdadeiro eu, como em algumas religiões orientais. Ela está alinhada com a contemplação estética na qual o homem se encontra em pleno lazer ao observar maravilhado a beleza através da qual se irradia o belo divino.

Contemplação como um momento abençoado que dá significado a uma existência

O homem sábio que vislumbrou Deus através de coisas visíveis é, portanto, um homem plenamente realizado. Essa experiência, se cultivada e reproduzida, dará uma nova perspectiva a toda a vida e a todas as atividades humanas. O homem sábio já não está transtornado nas discussões e nos conflitos do estado. Ele se afasta de ambos. Ele vê as coisas a partir da perspectiva de humildade que nasce do fato de que ele reconhece a si mesmo como sujeito à verdade e à sua busca. Ao olhar na direção de Deus, o Eterno, ele vê a si mesmo como pequeno e finito, embora traga consigo um tesouro: a capacidade de conhecer.

Certamente Aristóteles está consciente de que poucas pessoas terão acesso ao prazer de levar essa vida divina e quase sobre-humana. Entretanto, tenta demonstrar que somente aqueles que o fizerem estarão aptos a experimentar a felicidade completa conforme as mais profundas aspirações dos seres humanos. Outros se sentirão felizes desde que sejam capazes e vivam de acordo com suas possibilidades (como veremos no próximo capítulo), mas não vivenciarão a maior entre todas as felicidades. Aristóteles, filósofo que sabe que a maioria das pessoas segue suas paixões, mostrará que somente os que se devotarem à sabedoria e, ao mesmo tempo, viverem em sua humanidade ao lado dos amigos e da família, e, no contexto do estado, conhecerão a mais completa felicidade. Não é por isso, em sua *Política*, que ele quer que os legisladores encorajem os cidadãos a progredirem naquela direção? Não importa quantos alcançarão a verdadeira felicidade; o que importa é que aqueles que o desejarem estejam aptos a se orientar rumo ao conhecimento que é maior e mais nobre para o homem.

Tendo observado de que maneira Aristóteles descreve a sabedoria, não devemos atribuir a ele, por analogia, o que os judeus de um período posterior, e que falavam a língua grega, disseram a respeito da sabedoria?

> *Eu a preferi aos cetros e tronos; julguei, junto dela, a riqueza como um nada. Não a equiparei à pedra mais preciosa, pois todo o ouro, ao seu lado, é um pouco de areia; junto dela a prata vale quanto o barro. Amei-a mais que a saúde e a beleza e me propus tê-la como luz, pois seu brilho não conhece o ocaso.*
> (Livro da Sabedoria 7, 8-14)[8]

4

PEQUENAS E GRANDES VIRTUDES

Nos capítulos anteriores, tentamos ver com Aristóteles o que podemos esperar descobrir por meio do nosso desejo e de nossa capacidade de conhecer a verdade a respeito do mundo. Na avaliação de Aristóteles, esse desejo não é infrutífero. Podemos conhecer as causas finais. A inteligência então faz uma pausa, espanta-se e contempla.

Para Aristóteles, o filósofo ou sábio é aquele que alcança a verdadeira felicidade humana. Devemos, porém, ser cuidadosos! Mesmo que pareça o mais divino entre os homens, o sábio ainda é apenas um homem, sujeito à fadiga, a doenças e à morte. Ele precisa de uma família; precisa de amigos que sigam com ele nessa jornada até o ponto de contemplação.

Assim como qualquer outro homem, o sábio teve de trabalhar em tudo que havia dentro de si e que o torna humano; suas paixões, sua propensão a sentir raiva, seu senso de prazer, sua relação com os outros. Como poderia ser feliz se fosse como um camaleão, inconstante em suas amizades, ou tivesse medo de um mosquito? Para se tornar um ser humano pleno, um homem feliz, ele deve ser o mestre de si próprio e contar com uma estrutura interior. Hoje poderíamos dizer que um homem, ou uma mulher, precisa ser forte, honesto, verdadeiro e claro em relação a suas escolhas. Essa estrutura, ou estabilidade interior, surge daquilo que Aristóteles chama de "virtudes". Já discutimos sobre o fato de a sabedoria representar a virtude suprema. Nem todos, entretanto, conseguem devotar-se à filosofia e à busca de conhecimento pelo que é mais nobre.

Outros podem encontrar sua felicidade na prática de virtudes morais, que visam ao bem dos outros na sociedade.

É por essa razão que, alinhado a outros filósofos e moralistas gregos, Aristóteles devota vários capítulos às diferentes virtudes e aos diferentes vícios, ou seja, ao modo como administramos nossas paixões e nossos desejos, na forma como os controlamos e permitimos que eles nos controlem. Esse catálogo de virtudes e vícios contém uma análise detalhada da psicologia humana. Essa análise mostra como a parte desejosa – as paixões – é com frequência motivada pelo medo ou por uma necessidade exorbitante de *aparecer*, possuir e experimentar o prazer.

Quando um homem se entrega às suas paixões, ele tem uma tendência a petrificar-se em uma atitude de excesso ou deficiência, e, às vezes, de ir de um extremo ao outro. Ele se empanturra e então jejua para recobrar sua saúde, ou pode se perder de uma vez no excesso de comida ou bebida e até nas drogas. Em contrapartida, o homem que possui a virtude da temperança aprecia os atos de comer e beber sem excessos. Ele sabe saborear o prazer sem se deixar subjugar por ele. Ele governa a si mesmo com retidão porque sabe como integrar o *logos* em sua vida.

A virtude é uma disposição interna que adquirimos por meio de nossa atuação e do hábito que nos permite regular nossos desejos ou os seus opostos – nossos medos –, pois eles se deixaram penetrar pelo *logos*.

Para compreender as virtudes, Aristóteles compara cada uma delas ao seu oposto. Ele nos diz que a virtude é um meio-termo entre dois extremos; entre o excesso resultante de algo em demasia e a deficiência que se origina de sua carência. Contudo, é claro que esse feliz meio-termo não se reflete em quantidade; trata-se do ponto alto ou ideal. No diagrama a seguir vemos esse conceito representado na forma de um triângulo:

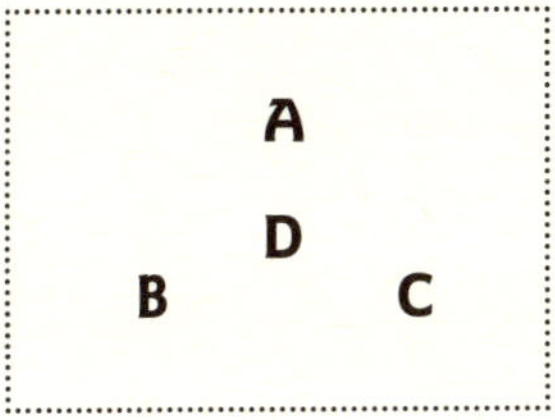

Se utilizarmos como exemplo a virtude da coragem, "B" seria seu excesso: a imprudência; "C" representaria o extremo déficit: a covardia; "A" seria o ponto ideal, o mais alto: a coragem alcançada pela luta e pelo trabalho árduo do próprio ser, e "D", por sua vez, seria o feliz meio-termo no senso quantitativo, que não deve ser confundido com virtude.

Coragem e temperança

Aristóteles começa por analisar as virtudes morais relacionadas ao equilíbrio interno do homem, como a coragem e a temperança, que regulam as paixões em relação ao ser. A *coragem* é, acima de tudo, a qualidade que permite a alguém manter-se firme diante do perigo. O homem corajoso difere tanto do covarde – que foge por causa do medo – quanto do que se vangloria – o aventureiro que mergulha de cabeça, totalmente indiferente ao perigo, às vezes em busca de aclamação. O homem corajoso sabe de que maneira enfrentar as dificuldades, mesmo se arriscando. Ele está consciente do preço a ser pago. Pode sentir medo, mas permanece firme. Orientado pela razão, sua sensatez torna-o capaz de suportar os testes. Ele se mantém firme porque é sua obrigação; porque é bom agir desse modo.

> *Propriamente falando, será chamado de bravo aquele que se mostrar sem medo diante de uma morte honrosa e de todas*

> *as emergências que envolvam risco de morte; e as emergências de guerra estão no mais elevado grau dessa natureza.* (EN 1115a33-35)

Essa coragem se revela em situações extremas, quando vidas estão em risco. O maior perigo é a morte. Para Aristóteles, a suprema coragem está no soldado, para quem a morte em batalha sempre está no horizonte. Quais são as formas contemporâneas de coragem? Em que situações a nossa vida está mais exposta? Talvez em certas ocasiões em que as pessoas enfrentam pressões – do ódio ou da corrupção; a pressão de se adequar ou se mostrar excessivamente individualista. Hoje o homem corajoso pode ser aquele que suporta situações de extrema violência, mas, ainda assim, responde com uma atitude não violenta. A virtude da coragem ainda existe dentro de nós, embora a natureza da batalha não seja necessariamente a mesma.

A temperança é a virtude que regula os prazeres corporais, em especial os que derivam do toque, "no caso da comida, da bebida e também do intercurso sexual" (EN 1118a30). O toque, como base para todos os demais sentidos, é também a sensação mais buscada pelos sensualistas.

> *É por isso que certo comilão rezava para que sua garganta se tornasse mais longa que a de uma garça, inferindo que era do contato que ele sentia prazer.* (EN 1118a30)

Alguém poderia imaginar que esse esfomeado estivesse faminto pelo sabor, mas esse não é o caso. O que ele deseja é prolongar "o contato". O comilão, ou glutão, para usar o termo correto, sofre da escassez de temperança. Ele é autoindulgente.

> *O homem intemperante, portanto, anseia por todas as coisas agradáveis ou aquelas mais agradáveis, e é levado por seu apetite a escolhê-las a custo de tudo o mais.* (EN 1119a1)

É preciso ressaltar que Aristóteles faz uma distinção entre 1) a pessoa que, por causa de sua fraqueza, permite a si mesma deixar-se levar e ser virtualmente controlada pelo prazer, e 2) aquela que é autoindulgente de modo deliberado. "O homem incontinente tende a buscar, não por convicção, prazeres corporais excessivos e contrários às regras gerais, enquanto o intemperante está convencido a buscá-los, apenas porque é o tipo de homem feito para isso." (EN 1151a11)

O vício oposto, que é a autoindulgência pela falta de qualquer senso de prazer, não tem um nome específico, afirma Aristóteles, que se refere à situação como "insensibilidade".

Liberalidade e magnificência

É bem provável que o homem "liberal" (*éleutherios*) seja livre, em oposição ao escravo. O primeiro é um homem culto que recebeu boa educação e, portanto, busca prazeres adequados a essa educação. Ele sabe como utilizar seu lazer. Em sentido mais restrito, ele é um homem generoso. A liberalidade e a magnificência são virtudes que regulam o uso da riqueza material.

O homem liberal é aquele que dá aos outros seus bens materiais sem hesitação, e, por esse fato, é amado e aprovado. Ele dá como deveria, para aqueles a quem deveria, no momento em que deveria, e o faz com prazer.

> *É bastante característico de um homem liberal exceder-se nas suas doações, a ponto de sobrar pouco para si mesmo; pois faz*

> *parte de sua natureza não olhar para si mesmo. A liberalidade não reside na quantidade de doações, mas na disposição de caráter de quem doa, e esta é relativa às suas posses. Nada impede que o homem que doa menos seja mais liberal, se tiver menos a oferecer.* (EN 1120b4-10)

A liberalidade é uma questão de virtude, mas também de outras considerações associadas às circunstâncias de cada indivíduo, ressalta Aristóteles.

> *Os que não fizeram a própria fortuna, mas a herdaram, são considerados mais liberais; pois, em primeiro lugar, eles não têm a experiência da necessidade, e, em segundo, todo homem tem mais amor àquilo que ele próprio produz, como o são os pais e os poetas. Não é fácil para um homem liberal ser rico, uma vez que não consegue tomar nem conservar, porém é capaz de doar, e não valoriza a riqueza em si mesma, mas sim como um meio de poder doar. Surge aqui o fardo que é imposto sobre a fortuna, de que aqueles que mais a merecem menos a recebem. Mas é razoável que seja assim; pois com a riqueza ocorre o mesmo que com todas as outras coisas: se não se esforça para consegui-la, não se pode alcançá-la.* (EN 1120b10-19)

Um dos vícios opostos à liberalidade é a prodigalidade, que até se parece com a liberalidade. Contudo, o homem pródigo dá em excesso às pessoas erradas e de um modo que não deveria. Ele permite a si mesmo ser governado pela paixão de dar, ou melhor, por aquela de estar rodeado de amigos bajuladores e parecer importante.

É por isso que não se considera o pródigo um mau-caráter; não é próprio de um homem malvado ou desprezível exceder-se no doar e no não receber, isso é próprio apenas de alguém tolo. (EN 1121a26)

Mas a maioria das pessoas pródigas, como já foi dito, também toma de fontes indébitas, e, nesse sentido, é má. Elas adquirem o hábito de tomar porque desejam gastar e não conseguem fazê-lo facilmente, uma vez que suas posses logo diminuem. Assim, são forçadas a conseguir meios em outras fontes. Ao mesmo tempo, por não darem valor à honra, são descuidadas não apenas no que receber, mas de onde; elas têm um apetite por doar, mas não se importam com a maneira nem com a fonte de onde vem o que doam. Assim, essa doação não é liberal; não é nobre [correta], *tampouco visa à nobreza* [o que é correto]; *também não é feita corretamente; às vezes elas enriquecem os que deveriam ser pobres e não oferecem nada aos dignos de estima; elas dão aos bajuladores ou aos que lhes garantem algum prazer.* (EN 1121a30b7)

É interessante ver Aristóteles nos dizendo que existe uma forma de autoindulgência que surge da doação excessiva, um tipo de generosidade desenfreada e mal aplicada, cujo propósito é adquirir um grande número de amigos e parecer importante. Imediatamente pensamos em *avareza* como o oposto de liberalidade. Todavia, dar demais quando *não deveríamos fazê-lo* também pode ser prejudicial. Pode ser uma maneira de amarrar os beneficiários a nós, de assegurar que eles permaneçam dependentes no lugar de capacitá-los a crescer. Acontece quando ao homem entregamos o peixe em vez de ensiná-lo a pescar, por exemplo. O presente correto é aquele que é dado a quem precisa e quando necessário, diz Aristóteles, pois a outra pessoa precisa daquilo, não para me livrar da compulsão que tenho de "aparecer".

Dito isso, a avareza é um defeito real da virtude, e é mais facilmente compartilhada – se é que podemos dizer algo assim – entre os homens que seu oposto, a prodigalidade.

> *Contudo, a avareza é [...] mais inata aos homens do que a prodigalidade. Com efeito, a maioria gosta mais de ganhar dinheiro que de dá-lo.* (EN 1121b14)

É por isso que, com ajuda, é mais fácil para um homem pródigo tornar-se liberal do que para um avarento. Este só se interessa por si mesmo; ele quer possuir, acumular. Ele sente prazer com suas posses. E, pelo fato de estar fechado em si mesmo, é mais difícil curá-lo.

Outra virtude, a *magnificência*, diz respeito à regulação no ato de doar. O homem magnificente é similar ao liberal, exceto pelo fato de que a magnificência está relacionada a coisas honrosas e de excelência, enquanto a liberalidade está ligada a coisas menores, "e, nesses aspectos, a magnificência supera a liberalidade em escala" (EN 1122a22).

> *A magnificência é um atributo dos gastos que chamamos de honrosos, como aqueles relacionados aos deuses – ofertas votivas, construções e sacrifícios – e, de modo similar, a qualquer forma de culto religioso e todas aquelas coisas que são objetos apropriados de ambição cívica, como a dos que se consideram no dever de equipar um coro ou uma trir-*

reme, ou quem sabe entreter a cidade brilhantemente. (EN 1122b18-23)

Dentre as ocasiões privadas mais adequadas para mostrar magnificência estão aquelas que ocorrem uma vez na vida, como uma boda ou algo do tipo, ou em tudo que seja de interesse à cidade inteira ou às pessoas de posição que nela vivem; e também à recepção e à despedida de hóspedes estrangeiros, assim como à troca de presentes; pois o homem magnificente não gasta consigo mesmo, mas sim com objetos públicos, e os presentes têm certa semelhança com as ofertas votivas. O homem magnificente também provê sua casa de maneira condigna com a sua riqueza (pois até uma casa é uma espécie de ornamento público) e gastará de preferência em obras longevas (pois são essas as mais belas). (EN 1122b36-1123a10)

Os vícios opostos são a ostentação e a mesquinhez. O indivíduo que peca pelo excesso, por meio da ostentação, gasta mais do que é correto:

[...] em pequenos objetos ele gasta muito e revela uma ostentação voraz e desprovida de bom gosto; oferece, por exemplo, um jantar para amigos que mais parece um banquete de núpcias, e, ao apresentar o coro para uma comédia, ele os coloca no palco vestidos de púrpura, como em Mégara. E todas essas coisas ele fará apenas para ostentar sua riqueza e por considerar que é admirado por isso, e naquilo que deveria gastar mais, faz o oposto, e vice-versa. (EN 1123a21-27)

Já o homem mesquinho sempre gastará menos do que deveria:

> *[...] em tudo o que faz ele hesita, avalia a maneira de gastar menos, lamenta até o pouco que despende e acredita estar fazendo tudo em maior escala do que deveria.* (EN 1123a30)

Bom temperamento, amabilidade, veracidade e senso de humor

Aristóteles também se interessa por virtudes que parecem menos importantes, mas, no entanto, estão no âmago da vida; as pequenas virtudes que revelam nosso equilíbrio interior, ou a falta dele, em nossas relações com os outros na sociedade. Eles incluem o bom temperamento ou a agressividade que exibimos em nossos relacionamentos; a amabilidade e a veracidade que esperamos de nós mesmos em nossas palavras e ações; o senso de humor que colore nossas interações sociais. Tais atitudes podem parecer sem importância, mas dizem muito a respeito do clima de nossas relações cotidianas ao lado de concidadãos. Pelo fato de envolverem nossas relações sociais, estão intimamente ligadas à amizade.

Assim como a coragem, o bom temperamento é uma virtude que regula a raiva, a irascibilidade, assim como a falta de raiva e o medo. Todavia, a coragem utiliza a irascibilidade para se levantar diante de um ataque, enquanto o bom temperamento modera qualquer ato irascível que tenha sido provocado. O indivíduo de bom temperamento não é fraco, tampouco frágil. Ele pode se tornar raivoso quando necessário. No entanto, também guarda consigo o poder secreto da paciência. Ele resiste com calma. Não foi à virtude da não violência que Mahatma Gandhi se referiu quando disse que para ser não violento é preciso saber como ser violento? Em contrapartida,

> *[...] aqueles que não se encolerizam com as coisas que deveriam deixá-los assim são considerados tolos, assim como são aqueles que não demonstram sua ira de maneira apropriada, no momento apropriado ou para a pessoa apropriada; tal homem é considerado insensível e, como não se encoleriza, julga-se incapaz de se defender; e aguentar insultos tanto pessoais como voltados a amigos é escravidão.* (EN 1126a3-8)

A partir de outra perspectiva, Aristóteles divide os coléricos em duas categorias: aqueles que são muito temperamentais e expressam sua raiva e os que não demonstram sua ira de início, mas permitem que a infeccione dentro de si mesmos. Os primeiros são irascíveis; os últimos, rancorosos.

> *Os irascíveis encolerizam-se rapidamente, com as pessoas erradas, por motivos errados e em excesso, porém sua cólera passa rapidamente – o que, aliás, eles têm de melhor. São assim porque não refreiam sua ira, mas, ao contrário, revidam abertamente, e então sua cólera termina.* (EN 1126a14-17)

> *Os rancorosos são difíceis de acalmar e retêm sua cólera por mais tempo, porque a refreiam. Contudo, ela termina quando revidam, pois a vingança alivia da ira, substituindo-lhes a dor pelo prazer. Se isso não acontecer, eles carregarão o fardo; pois, pelo fato de não ser visível, ninguém jamais pensa em apaziguá-los, e digerir a cólera dentro de si mesmo leva tempo. Tais pessoas causam grandes incômodos a si mesmas e também a seus amigos mais queridos.* (EN 1126a20-28)

A amabilidade é um estado mediano entre a bajulação e a contrariedade.

> *Nas reuniões entre pessoas, na vida social e na troca de palavras e ações, algumas são consideradas obsequiosas, em outras palavras, aqueles que para serem agradáveis louvam tudo e nunca se opõem a nada, achando que é sua obrigação "não magoar as pessoas que encontra"; enquanto os que, em contrapartida, se opõem a tudo e não se importam em ferir os demais são considerados grosseiros e contenciosos. Que ambos os estados mencionados são equivocados já está claro, assim como que o meio-termo é louvável – isso porque o homem, nesse caso, suportará calado e se mostrará ressentido diante do que vale a pena e da maneira correta; porém nenhum nome foi designado para tal situação, embora isso se pareça com amizade. O homem que corresponde a esse meio-termo é exatamente – adicionada a afeição – o que chamamos de um bom amigo. Porém, o estado em questão difere da amizade, uma vez que não implica paixão nem afeição pelo outro; afinal, não é por amor ou ódio que o homem age da maneira correta, mas por encaixar-se numa determinada categoria. Ele agirá assim diante dos que conhece e também dos que não conhece, em relação a amigos íntimos e àqueles que não o são, exceto que em cada um desses casos ele agirá do modo condizente; pois não é apropriado ter por estranhos o mesmo carinho que se tem pelos mais íntimos, tampouco são as mesmas condições que lhes magoam. Ora, dissemos que em geral esse homem se associará com pessoas da maneira certa; mas será em função*

> *do que é louvável e conveniente que ele terá por finalidade não causar dor ou proporcionar prazer.* (EN 1126b11-30)

A *veracidade* diz respeito à imagem que desejamos projetar para os outros.

> *[...] falemos agora sobre os que buscam a verdade ou a falsidade do mesmo modo em palavras e em atos, e nas afirmações que fazem. Considera-se jactancioso o homem capaz de reivindicar as coisas que lhe trazem glória quando não as recebe [...]; o falso modesto, ao contrário, nega ou menospreza o que tem. O indivíduo que observa o meio-termo é aquele que chama algo pelo próprio nome, sendo verdadeiro tanto em seu modo de viver quanto em suas palavras; declarando o que possui, nem mais nem menos.* (EN 1127a18-26)

> *Pois o homem que ama a verdade quando nada está em jogo deverá sê-lo ainda mais quando algo estiver em jogo; ele evitará a falsidade como algo vil. [...] E se mostrará mais inclinado a compreender a verdade; pois isso lhe parece de melhor gosto, já que exageros são tediosos.* (EN 1127b4-7)

Depois de definir a atitude correta a tomar ao avaliar nossas próprias qualidades (o modo como aceitamos um cumprimento, por exemplo), Aristóteles evoca as duas atitudes que não são equilibradas: *arrogância* e *reticência*.

Ambas podem ser formas de falsidade.

> *Aquele que se arroga mais do que tem sem qualquer objetivo ulterior* [reputação ou ganho, por exemplo] *é um indivíduo desprezível (de outro modo não se comprazeria na falsidade), o que torna o ato mais fútil que maldoso; porém, se o fizer por causa de um objetivo, aquele que o fizer em busca de boa reputação ou honra (para um jactancioso) não deve ser considerado digno de grande censura, mas o que o fizer por dinheiro, ou por coisas que levam ao dinheiro, terá o caráter mais detestável.* (EN 1127b10-14)

> *As pessoas falsamente modestas, que subestimam seus méritos, parecem mais simpáticas porque se acredita que elas não falam visando ao proveito, mas para evitar a ostentação; e, mais uma vez, são as qualidades que trazem boa reputação que elas negam possuir. [...] Aqueles que se dizem destituídos de qualidades óbvias e de pouco valor são chamados de impostores e são ainda mais desprezíveis; e às vezes isso parece ser jactância.* (EN 1127b23-28)

Aristóteles também se interessava pelo modo no qual um homem relaxa ao lado dos outros: ele é brincalhão ou carrancudo? Ele excede no humor como um palhaço? Não seria o relaxamento outra forma de repousar; uma diferente forma de lazer em relação à contemplação, mas, ainda assim, uma sobre a qual a virtude tem influência, uma vez que é um estado eminentemente humano?

> *Uma vez que a vida é feita tanto de atividade quanto de repouso, e este inclui o lazer e a diversão, parece haver aqui um*

> *tipo de intercâmbio relacionado ao bom gosto; pode-se dizer – e também ouvir – o que se deve e o que não se deve. O tipo de pessoa a que se está falando ou a quem se está ouvindo também fará diferença. [...] Aqueles que levam a jocosidade ao extremo são considerados bufões vulgares que invocam o humor a qualquer custo e visam mais a arrancar uma boa gargalhada que evitar a dor para a vítima de seus chistes; enquanto os que não conseguem fazer uma brincadeira, tampouco aceitar os que são capazes de fazê-lo, são considerados rudes e mal-educados. Já os que brincam com bom gosto são denominados espirituosos.* (EN 1127b37-1128a11)

Magnanimidade: o feito da humanidade

O homem que já incorporou todas as virtudes – coragem, temperança, amabilidade, generosidade – está realmente no auge da felicidade moral, ou seja, da mais pura e simples felicidade. Ele é o mais feliz dos homens porque sua humanidade é verdadeiramente realizada e radiante. A esse desabrochar de um ser humano que conseguiu incorporar todas as virtudes de modo que elas se tornaram intrínsecas a ele e quase disposições naturais Aristóteles chama de *magnanimidade*.[1]

Aristóteles não investe muito tempo descrevendo os extremos dos quais essa virtude seria o meio-termo. O homem vaidoso que considera a si mesmo merecedor de grande respeito é, na verdade, um tolo que não conhece a si mesmo. Ele busca se mostrar alguém importante, usa roupas maravilhosas, mas, por dentro, está vazio; e todos veem o que ele realmente é (EN 1125a27-32). A pusilanimidade, por outro lado, é um vício mais comum e ainda pior. O pusilânime é capaz, mas não ousa agir. A ele falta confiança em si mesmo, assim ele se deixa tomar pelo medo.

A magnanimidade não deve ser vista como uma virtude suplementar, mas como uma que recapitula todas as demais e as revela ao ponto máximo. Ela "parece ser um tipo de coroa de todas as virtudes, pois as torna mais grandiosas e não pode ser encontrada sem elas" (EN 1124a1-3).

O homem magnânimo é o mais autônomo entre todos. Ele não precisa de ninguém. Não se preocupa com o que os outros podem pensar a seu respeito. É como se ele estivesse acima de tudo isso. Sua maior preocupação é o bem, a perfeição moral, pois ele reconhece o valor disso. Por ser capaz de coisas grandiosas, espera reconhecimento e honra, mas os merece. Assim, o homem magnânimo é o homem perfeito.

> *Mas o homem magnânimo, uma vez que merece mais do que os outros, deve ser bom no mais alto grau.* (EN 1123b27)

Aristóteles apreciava descrever esse homem magnânimo. Seria esse, em sua ótica, um ideal mais ou menos atingível? Teria ele algum modelo em particular em sua mente? Seja qual for o caso, para ele, esse é um grande homem; um homem capaz que não diminui a si mesmo com preocupações pequenas. Ele é um pouquinho como um deus, superior aos mortais comuns. É possível que a história tenha produzido homens assim.

> *Ele não se expõe a perigos insignificantes, nem tem amor ao perigo, pois valoriza poucas coisas; mas enfrentará os grandes perigos, e nesses casos não poupará a própria vida, ciente de que há condições em que não vale a pena viver. Ele é também capaz de conferir benefícios, mas sente-se envergonhado*

em recebê-los; pois o primeiro é característico da superioridade e o segundo, da inferioridade. (EN 1124b7-12)

É também característico do homem magnânimo não pedir nada, ou praticamente nada, a ninguém, mas oferecer prontamente ajuda aos que precisam; mostrar-se digno diante de pessoas que desfrutam de altas posições e são favorecidas pela fortuna, enquanto se mostra despretensioso perante os da classe mediana; afinal, é difícil e altivo de sua parte ser superior aos primeiros, mas fácil em relação aos últimos; e um altivo se impor sobre o primeiro tipo não é sinal de má-educação, mas entre pessoas humildes é tão vulgar quanto demonstrar força sobre os fracos.
Igualmente característico do homem magnânimo é não ter por objetivo as coisas que geralmente são vistas como valiosas, ou em que outros se excedem; mostrar-se desinteressado e abster-se de agir exceto em situações louváveis ou se um grande trabalho estiver em risco; ser alguém de poucos feitos, mas todos grandiosos e notáveis. (EN 1124b19-25)

Ele também deve se mostrar franco em seus ódios e amores (já que esconder os próprios sentimentos, ou seja, importar-se menos com a verdade do que com aquilo que as pessoas pensarão dele seria o ato de um covarde), e falar e agir abertamente; pois é dado a dizer a verdade, exceto quando se utiliza de ironia em relação às pessoas vulgares. Ele deve ser incapaz de fazer com que sua vida gire em torno de outra pessoa, a menos que seja um amigo; isso seria escravidão. [...] Tampouco é dado à

> *admiração; pois nada para ele é tão grandioso. Também não se importa com erros, pois a um homem magnânimo não cabe memória longa, em especial para ofensas, a não ser para relevá-las. Também não gosta de conversas fúteis, pois não fala nem de si mesmo nem dos outros, uma vez que não se interessa em receber elogios nem em ver os outros sendo censurados; ele também não gosta de elogiar nem costuma falar mal de ninguém, nem de seus inimigos, a não ser pela altivez deles. Em relação a coisas que ocorrem necessariamente ou de pouco valor, ele é o último dos homens a quem lamentar ou pedir favores; pois cabe àqueles que levam esses assuntos a sério agir de acordo quando é preciso. Ele é do tipo que possuirá coisas belas e que não lhe garantam ganhos, em vez de úteis e proveitosas; isso é mais próprio de um caráter que se basta em si mesmo.* (EN 1124b27-1125a13)

Homens assim não passam despercebidos. São reconhecidos pelo porte físico!

> *Um passo lento parece apropriado para o homem magnânimo, além de uma voz profunda e uma fala uniforme; pois o homem que leva poucas coisas a sério dificilmente se mostrará apressado, tampouco aquele que pensa que nada grandioso jamais existiu.* (EN 1125a13-14)

À primeira vista, esse homem magnânimo pode ser confundido com alguém demasiadamente orgulhoso, no sentido moderno da palavra. Ele busca ser absolutamente completo. Afinal, disfarçado sob todas as coisas, ele não está buscando seu próprio engrandecimento e sua própria perfeição? Sobre esse respeito, veremos um pouco mais adiante. O homem orgulhoso (no sentido moderno convencional) é o centro do seu mundo. Ele não se interessa pelos outros. Enquanto, para Aristóteles, o homem magnânimo o faz e de modo grandioso e nobre.

A virtude da justiça

Depois da magnanimidade, ainda há espaço para alguma outra virtude? Sim, se observarmos o modo como nos relacionamos com os outros, que também precisa ser corrigido. É por isso que a última virtude considerada por Aristóteles é a da justiça, que não implica somente nossa própria perfeição ou nossas realizações, mas o modo como vivemos e trabalhamos para os outros na sociedade.

> *Essa forma de justiça* [legal] *é, portanto, uma virtude completa, porém não em absoluto, mas em relação ao nosso próximo. Por isso a justiça é com frequência considerada a maior entre todas as virtudes, e "nem as estrelas da noite ou da manhã" revelam-se tão maravilhosas; e de modo proverbial "na justiça estão compreendidas todas as virtudes".*
> *E ela é a virtude completa em seu sentido mais pleno, pois é o verdadeiro exercício da virtude por inteiro. É completa porque aquele que a possui é capaz de exercitá-la não apenas em si mesmo, mas também em relação ao seu próximo; pois muitos homens conseguem exercer virtudes em seus assuntos particulares, mas não em suas relações com os outros. Por isso o ditado de Bias é considerado tão verdadeiro: "A autoridade revela o homem"; pois quem governa está em relação com*

> *os outros homens e também é um membro da sociedade. Por essa mesma razão, a justiça, sozinha entre todas as virtudes, é considerada "o bem do outro", pois se relaciona com o nosso próximo; ela faz o que é vantajoso para o outro, seja ele uma autoridade ou um carpinteiro. Ora, o pior entre todos os homens é aquele que exercita sua perversidade tanto para consigo mesmo quanto para com seus amigos, e o melhor entre todos os homens é aquele que não faz uso de sua virtude em vantagem própria, mas a utiliza para o bem alheio; pois esta é uma tarefa difícil.* (EN 1129b26-1130a8)

Essa virtude que é exercida em relação a outros nos fornece a estrutura para a vida na cidade-estado, ou comunidade política ideal. Em uma família, as pessoas conduzem suas relações umas com as outras de acordo com certo código de justiça verbal; isso acontece por meio de um acordo próprio entre os integrantes que desejam viver felizes em conjunto. Em uma escala social mais ampla, nossa relação com os outros precisa ser codificada em leis. A lei é, ou deveria ser, uma expressão da justiça, ou, no mínimo, a expressão de certo respeito pelos outros. Desse modo, em seu sentido primário, ser justo é observar as leis.

> *Uma vez que o homem sem lei era visto como injusto e aquele que a respeitava como justo, é evidente que todos os atos dentro da lei são, de certo modo, justos, uma vez que, estabelecidos pela arte do legislador são legítimos, e a cada um deles consideramos justo. Ora, as leis aplicadas sobre todos os indivíduos têm por objetivo a vantagem comum, seja de todos, seja dos melhores, seja daqueles que detêm o poder ou algo*

do tipo; por essa razão é que, em certo sentido, chamamos de justos a esses atos, cuja tendência é produzir e preservar, para a sociedade política, a felicidade e seus componentes. (EN 1129b11-18)

Como todos os gregos da antiguidade, Aristóteles tem uma ideia bastante elevada da lei. Ela deveria encorajar as pessoas a serem virtuosas, pois o bem e o respeito pelos outros são dependentes disso. Por causa disso, a blasfêmia e o adultério são infrações à justiça, e a lei deveria coibi-los.

E a lei nos ordena a agir como um bravo (por exemplo, não desertar do nosso posto, nem fugir, nem jogar fora nossas armas), como um homem temperante (ou seja, não cometer adultério nem gratificar a própria luxúria) e, ainda, como um homem de bom temperamento (não bater no outro nem dizer calúnias). (EN 1129b19-23)

Isso pode parecer chocante para aqueles entre nós acostumados a separar as coisas dos domínios público e privado e legislar em termos dos direitos do indivíduo. Com Aristóteles estamos lidando com um período bem anterior ao moderno e distante de nossas atitudes individualistas. Ser cidadão é a função do homem livre. É um privilégio participar da vida da cidade-estado. A lei deveria favorecer a vida em conjunto e, ao fazê-lo, encorajar a virtude. Essas duas facetas são inseparáveis.

Entretanto, alguns aspectos da lei parecem artificiais e relativos. Por que devemos dirigir do lado esquerdo em vez do lado direito? As ciências humanas já estudaram em profundidade os hábitos de diferentes sociedades e demonstrou que existem enormes discrepâncias entre elas. O que é justo para alguns não o é para outros. É por isso que Aristóteles estabelece uma distinção entre *justiça natural* e *justiça particular*. Homicídios e roubos são sempre ações injustas, independentemente de onde ocorrerem. Obedecer a um semáforo, por outro lado, é um caso para a justiça particular.

> *Da justiça política, parte é natural, parte legal: natural é aquilo que em todos os lugares tem a mesma força e não existe pelo fato de as pessoas pensarem dessa ou daquela forma; legal é aquilo que é originalmente indiferente, mas quando estabelecido não é indiferente, por exemplo, que a libertação de um prisioneiro seja uma fonte de conhecimento, ou que um bode e não duas ovelhas devam ser sacrificadas e, mais uma vez, todas as leis aprovadas para casos particulares, como a que mandava oferecer sacrifícios em louvor a Brásidas, e as prescrições dos decretos.* (EN 1134b18-24)

E Aristóteles afirma que alguns de seus predecessores, alguns sofistas, afirmavam que aquilo que era prescrito por leis específicas era sempre contrário àquilo estabelecido nas leis naturais e baseadas na força. Para eles, a injustiça era a lei da natureza, e a justiça o produto de um contrato entre homens. A oposição entre a natureza e a lei tornou-se comum entre os sofistas.

Para Aristóteles, porém, assim como para Platão, a justiça natural não pode ser associada à lei da força. Existe ambiguidade em relação à palavra "natureza". A natureza em Aristóteles não significa um estado espontâneo de ser. A justiça natural também deveria ser compreendida como aquela que flui das mais profundas aspirações do *logos*. E, pelo fato de impor-se sobre todos os que possuem *logos*, ela é universal para a humanidade. Ela tem o mesmo poder em todos os lugares.

Essa distinção entre lei natural e universal é detalhada em dois textos encontrados na *Retórica*:

> *Pelos dois tipos de lei refiro-me à lei particular e à lei universal. A lei particular é aquela que cada comunidade estabelece e aplica a seus próprios membros; elas se encontram parcialmente escritas e, em parte, na forma verbal. A lei universal é a lei da natureza. Pois, existe de fato, assim como cada ser humano revela até certo ponto, a justiça e a injustiça natural que se aplicam a todos os homens, mesmo àqueles que não têm qualquer associação ou pacto entre si. É a isso que se refere a Antígona de Sófocles ao dizer que o enterro de Polinice era um ato de justiça a despeito da proibição: ela quer dizer que é um ato de justiça pela natureza.*
> *Não existem de hoje nem de ontem, mas vivem eternamente: ninguém é capaz de datar seu nascimento.* – Antígona, 456-7
>
> *É assim em Empédocles, ao nos propor seu veto à matança de qualquer ser vivente. Esta lei não pode ser justa para alguns e não para outros, pois ela é válida para todos. Esta lei estende-se largamente através do amplo éter e da incomensurável terra [...]* (Ret. 1373b1-17)
>
> *Devemos encorajar que os princípios de igualdade sejam permanentes e imutáveis, e que a lei universal também não se*

altere, pois é a lei da natureza, enquanto leis escritas mudam com frequência. (Ret. 1375a30-32)

Justiça natural

A justiça natural é, portanto, a base para a justiça legal. O mesmo se aplica em todos os lugares; ela é universal. É a base para a moralidade. É por isso que o assassinato, o adultério, o roubo são sempre e universalmente condenados (EN 1107a11).

Aristóteles discorda, então, dos sofistas, que afirmam que a maioria dos homens segue suas paixões e busca seus próprios interesses, e que isso prova que eles são injustos por natureza. É somente a lei legítima que os obriga a serem justos.

Essa visão aristotélica é uma poderosa contradição aos sofistas: ela é otimista. O ser humano é feito para ser feliz. Essa é sua mais profunda inclinação. Ele é brindado com a razão e, portanto, por natureza é capaz de controlar a si mesmo. É óbvio que Aristóteles reconhece o fato de que a maioria dos homens segue suas paixões; ele registra isso. Todavia, de onde vem a maldade? Aristóteles não tenta responder a essa pergunta. Em vez disso, afirma que, com boas leis, boa disposição, boa educação e boas escolhas, o homem pode alcançar a felicidade, a despeito do grande esforço necessário.

Mas o que é natural? O modo como Aristóteles fala sobre a mulher ser inferior ao homem e feita para obedecer (Pol. 1260a12), do homem ser feito para comandar e da natureza na existência do escravo demonstra quanto Aristóteles pertencia à cultura do seu tempo. Para ele, o escravo é uma criatura incapaz de raciocinar ou fazer escolhas (Pol. 1280a33). Ele é um tipo de ser intelectualmente débil que não representa um homem completo. Ele nos foi dado pela natureza para realizar trabalhos manuais, de modo que os outros homens "livres" pudessem devotar seu tempo a causas mais nobres. O escravo é uma ferramenta vivente, propriedade de um homem livre, um tipo de extensão do seu corpo (Pol. 1254a9 cont.). Outros textos, entretanto, parecem sugerir um ponto de vista bastante diferente. Neles, Aristóteles fala da possibilidade de libertar os escravos e dar a eles sua liberdade como recompensa (Pol. 1330a32). Ele inclusive deixou instruções em seu testamento para que seus escravos fossem libertados.[2] Em outro lugar, Aristóteles refere-se aos escravos dizendo que, como homens (EN 1161b5-8), podem ser amigos de um homem livre, e apresenta tanto os escravos quanto as mulheres como seres capazes de exercer as virtudes da coragem, da temperança e da justiça, embora sempre dentro dos parâmetros de suas respectivas obrigações (Pol. 1260a17-b25). No mínimo, Aristóteles é ambíguo no que diz respeito aos escravos.

Talvez ele se sentisse dividido entre o que via como fato cultural – reconhecido por todos – e sua intuição pessoal quanto à virtude de alguns escravos. O que é certo é que a economia e as operações das cidades-estados gregas dependiam da existência dos escravos. Afirmar sua total humanidade incorreria no risco de comprometer todo o sistema da época. Poderia Aristóteles permitir-se causar esse tipo de revolução?

Se existe ambiguidade na noção de lei natural e universal em Aristóteles, apesar disso ele estabeleceu um princípio fundamental, o mesmo evocado por Antígona, que data dos tempos mais antigos. Este ressurgiu em nossos dias sob um novo disfarce, aquele da Declaração Universal dos Direitos Humanos, de 1948. No entanto, por causa de seu histórico cultural, e talvez também por causa de seu desejo de não provocar demasiada sublevação política, Aristóteles não conseguiu afirmar que todo ser humano tivesse direitos iguais.

O homem justo como aquele que voluntariamente obedece às leis

Se, então, o homem justo é aquele que observa as leis corretamente estabelecidas, a virtude da justiça – como o seu oposto, o vício da injustiça – implica que ele aja voluntariamente. Aristóteles identifica três diferentes tipos de injustiça ou falsidade moral:

> *Dos atos voluntários, alguns praticamos por escolha, outros não; por escolha, os que praticamos após deliberar, e por não escolha os que praticamos sem prévia deliberação. Assim, existem três tipos de dano nas transações entre os homens: aqueles feitos por ignorância são enganos. [...] Ora, quando a injustiça ocorre ao contrário das expectativas razoáveis, isso é um infortúnio. Quando não é contrária às expectativas, mas tampouco não implica vício, é um engano (pois um homem comete um engano quando a falta se origina nele, mas é a vítima de acidente quando a causa tem origem fora dele). Quando ele age com conhecimento, mas sem deliberação prévia, é um ato de injustiça – por exemplo, as ações cometidas por ira ou quaisquer outras paixões necessárias ao homem ou naturais dele; quando os homens cometem atos tão prejudiciais e equivocados, eles agem injustamente, e os atos são de injustiça, mas isso não significa que os perpetradores desses atos sejam injustos ou maus; pois o dano não se dá pela maldade. Mas quando um homem age a partir de suas escolhas, ele é não somente injusto, é mau.* (EN 1135b7-25)

Possuir a virtude da justiça – ou seja, ser totalmente humano – não é, portanto, apenas um ato em acordo com a lei. Não se trata de uma questão de obedecer à lei por causa de um desejo de *parecer* bom ou por medo de ser punido ou considerado culpado se transgredir, mas porque é bom agir dessa maneira. Mais ainda, porque queremos que os outros na cidade-estado se orientem rumo à felicidade. O homem mais perfeito e, portanto, o mais feliz é aquele que alcançou a real maturidade moral e humana. Ele incorporou a lei. Ele já não tem dificuldades em controlar suas paixões, tampouco precisa lutar contra elas. Em vez disso, ele se sente motivado pelo desejo de que a cidade-estado seja um lugar de paz e que seus cidadãos alcancem a verdadeira felicidade.

A justiça daquele que comanda

Agora, se examinarmos a lei pela ótica do legislador, aquele que pensa sobre ela e então a cria, a virtude da justiça se faz ainda mais necessária.

De que maneira as leis serão justas se o próprio legislador não almejar a justiça? Aristóteles expande esse tópico com uma série de ideias sobre as qualidades necessárias para aqueles que criam as leis.

De modo similar, aqueles que comandam devem primeiramente submeter a si mesmos às leis, como qualquer outro cidadão, pois sua autoridade vem da lei e não daquilo que eles possam desejar.

> *É por isso que permitimos que o princípio racional, e não um ser humano, governe, pois um ser humano premia-se com bens excessivos e torna-se um tirano, enquanto o governante é o guardião daquilo que é justo e, portanto, do que é igual (e, assim, não deve premiar-se com bens excessivos).* (EN 1134a35-b3)[3]

O exercício do poder em acordo com a justiça, tendo em vista o bem de todos os cidadãos, é difícil. Já exercitá-lo em prol de si mesmo – para sua própria glória, para se manter no poder e contar com privilégios, ou ganhar e viver pela corrupção – é, sem dúvida, uma grande tentação para aqueles no poder. No que concerne, por exemplo, à distribuição de prêmios, a tentação de sucumbir ao nepotismo e favorecer amigos pode ser enorme.

É precisamente a qualidade de um bom governante saber distribuir "honras ou dinheiro ou qualquer outra coisa que são divididas entre todos os que têm parte na constituição" (EN 1130b30) com equidade. Esse senso de equidade, que não é estritamente igualdade, mas proporcionalidade – para cada um conforme seus méritos –, origina-se na justiça distributiva.

Um senso superior de justiça

Com grande sutileza, Aristóteles também descreve a virtude específica àqueles que comandam, ou, de fato, de todos os cidadãos que, de algum modo, estão acima da justiça legal ou escrita. Não é que o governante se considere acima da lei. Pelo contrário, ele busca cumprir o espírito da lei, e é por isso que autoriza a si mesmo a não respeitar a palavra escrita. A virtude dos que comandam se chama *epieikeia*, que com frequência é traduzida como "equidade", mas não tem o mesmo sentido de distribuição justa ao qual nos referimos anteriormente. *Epieikeia* é uma forma superior de justiça que pressupõe um agudo senso de discernimento.

A maior virtude da justiça surge pelo fato de a lei ter de falar sempre de modo universal. Ela não pode conhecer, atender ou regulamentar cada situação individual. Essa virtude pode, portanto, ser contrária à forma escrita da lei e, assim, à justiça legal. Entretanto, ela é justa, "não o legalmente justo, mas uma correção da justiça legal" (EN 1137b11). Nesse caso a lei permanece correta. "O erro não está na lei, nem no legislador, mas na natureza da própria coisa" (EN 1137b17). Assim, o homem que age de acordo com sua consciência está agindo de acordo com a justiça, sabendo que o legislador teria feito o mesmo se estivesse na mesma situação.

> *O equitativo* [epieikeia] *é justo, mas não o legalmente justo, mas uma correção da justiça legal. A razão disso é o fato de que toda lei é universal, porém, em relação a algumas coisas, não é possível fazer uma afirmação universal corretamente. [...] Quando a lei se expressa de maneira universal e surge nela um caso que não esteja coberto pela declaração universal, então é justo, uma vez que o legislador falhou e cometeu o erro por excesso de simplicidade, corrigir a omissão – dizer o que o próprio legislador teria dito se estivesse presente.* (EN 1137b11-23)

> *É simples, portanto, o significado de equitativo* [epieikeia], *ele é justo e melhor que uma espécie de justiça* [escrita]. *Também é evidente a partir disso quem é o homem equitativo: aquele que escolhe e realiza tais atos, não persiste em seus direitos em um senso ruim, mas tende a tomar menos do que lhe é de direito, embora tenha a lei do seu lado, é equitativo.* (EN 1137b33--1138a2)

É claro que essa ideia de existir uma exceção à regra é potencialmente perigosa. Quem vai garantir que um governante não criará exceções para atender aos seus próprios interesses? A mesma pergunta se aplica ao homem que dispensa a si mesmo de obedecer às leis. É óbvio que essa virtude, *epieikeia*, somente pode ser exercida por homens integrados que desejam a verdade moral. Ao mesmo tempo, é uma virtude que atua sobre a própria substância da experiência moral: aquilo que é concreto. A lei é universal, mas a ação é sempre específica. Assim, existe a possibilidade de distorção, mas também a oportunidade para julgamento prudente.

Justiça corretiva

Existe ainda outra dimensão da justiça, à qual Aristóteles se refere como corretiva, que consiste no reestabelecimento da igualdade, papel que, após todas as deliberações, cabe ao juiz, que deve personificar a justiça. Quando um homem roubou de outro ou destruiu a propriedade alheia, a pessoa terá direito ao recurso da lei. O juiz busca restabelecer a igualdade.

> *[...] também no caso em que alguém tenha recebido e o outro tenha infligido um ferimento, ou alguém tenha assassinado e o outro sido assassinado, o sofrimento e a ação foram distribuídos de maneira desigual; mas o juiz tenta igualá-los por meio da pena, tomando os ganhos do acusado. Pois o termo "ganho" é aplicado de modo geral nesses casos, mesmo que não seja o termo apropriado a alguns deles. Por exemplo: à pessoa que inflige um ferimento – e "perda" à vítima. Seja como for, uma vez que o dano tenha sido estimado, um é chamado de perda e o outro de ganho. Assim, o igual é intermediário entre o maior e o menor.* (EN 1132a8-14)
>
> *É por isso que as pessoas em disputa recorrem ao juiz; e recorrer ao juiz significa recorrer à justiça; pois a natureza do juiz*

> *é ser um tipo de justiça animada; e buscam o juiz como um intermediário, e, em alguns estados, os juízes são denominados mediadores.* (EN 1132a19-24)

As mais elevadas virtudes no plano moral

Como podemos ver, magnanimidade e justiça são como pináculos do plano moral, do mesmo modo como a sabedoria o é no plano intelectual. "O homem verdadeiramente magnânimo deve ser bom" (EN 1123b30); magnanimidade "parece ser um tipo de coroa de todas as virtudes, pois as torna mais grandiosas e não pode ser encontrada sem elas" (EN 1124a1). "E a justiça é a virtude completa" e é com frequência considerada "a maior das virtudes" (EN 1129b26-29).

Se Aristóteles considera homens sábios e magnânimos aqueles que apreciam a mais perfeita felicidade possível aos seres humanos, não é porque, para ele, o bem maior – a felicidade – deva ser desejado por si só e não tendo em vista todo o resto (EN 1097b14-16)? A felicidade é autossuficiente, como o é o homem feliz, dentro dos limites de sua natureza. Aristóteles não consegue conceber a felicidade de alguém como algo dependente de qualquer outra coisa que não seja sua própria escolha, objetivando algo maior que ele mesmo. O homem sábio e o homem magnânimo são dois exemplos dessa independência.

Que a felicidade deriva do interior de uma pessoa é óbvio para todos. Contudo, por que Aristóteles nos oferece exemplos que parecem tão impossíveis de ser percebidos pela maioria dos homens livres? Não seria porque para ele esse é o mais completo caminho para a felicidade total e final? Nem todo mundo consegue ser sábio ou magnânimo, mas todos podem estar conscientes de que a natureza humana é realizada quando tomamos a trilha em direção às virtudes mais nobres. Todos podem, de algum modo, compartilhar essas virtudes. Buscar conhecer a Deus com a maior certeza e fazer grandes coisas na sociedade, cada qual conforme suas habilidades, é aí que está a felicidade.

5

O MOMENTO PARA O CRESCIMENTO

Para Aristóteles, a ciência da ética é algo prático. Diz respeito a ajudar as pessoas a crescerem em sua humanidade, tornarem-se boas, sábias, justas e, em resumo, felizes. A ética não é para ser aprendida de maneira teórica, mas ser aplicada, implementada.

> *Portanto, uma vez que a presente investigação não objetiva o conhecimento teórico como as demais (pois nosso intuito não é saber o que é virtude, mas nos tornarmos bons – até porque, de outro modo, tal apuração não teria utilidade alguma), devemos examinar a natureza dos atos, ou seja, de que modo deveríamos praticá-los.* (EN 1103b26-31)

Não há um meio de tornar-se justo, sábio e bom que não seja pelo exercício dessas virtudes por intermédio da regulação diária de nossos desejos espontâneos, por intermédio do *logos*. "As diferenças de caráter nascem de atividades semelhantes. É por isso que devemos atentar para a qualidade dos atos que praticamos" (EN 1103b20). Atitudes moderadas gradualmente criam a virtude da temperança. Para tornar-se completo e maduro, o homem precisa de boas disposições, entre elas, boa saúde e boa educação. Ele deve ter optado, de modo definitivo, por uma vida boa e pela verdadeira felicidade, assim como pelo desejo de progredir rumo a esse objetivo; isso envolve trabalhar em si mesmo, esforçar-se e lutar para conseguir olhar claramente para dentro de si e orientar suas paixões conforme o melhor propósito. Transformar-se num ser humano maduro leva tempo.

Neste capítulo, refletiremos sobre como podemos crescer em nossa humanidade. Como podemos ser capazes de criar um estado interior que torne nosso julgamento e nossas escolhas mais fáceis e jubilosas? Como podemos progredir para que nossas atividades derivem da virtude e não sejam simplesmente orientadas por nossas paixões?

A aquisição da virtude

Nenhum progresso seria possível se a natureza não nos ajudasse em primeiro lugar. Afinal, é pela natureza que o corpo, a alma e a disposição de pensar e agir existem.

> *É por essa razão que tais disposições são consideradas dotes naturais – é o motivo pelo qual, embora não se espere que alguém se diga ser um filósofo por natureza, a muitos se atribui um discernimento, uma inteligência e uma razão intuitiva inatos. Isso se demonstra no fato de pensarmos que nossas forças correspondem ao nosso tempo de vida, e que uma idade em especial traz consigo o raciocínio intuitivo e a capacidade de julgamento; isso implica que a causa é natural.* (EN 1143b6-9)

Essa concepção do homem é, no final das contas, bastante otimista. Não haveria razão para se trabalhar nas virtudes se não houvesse dentro de nós uma conivência entre elas e nós.

> *Portanto, não é por natureza, tampouco contrariando a ela, que as virtudes surgem em nós; na verdade, somos adaptados*

por natureza a recebê-las, e, então, nos tornarmos perfeitos pelo hábito. (EN 1103a23-25)

A alma humana

Para nos ajudar a compreender de que maneira o homem pode crescer na direção da completa humanidade e felicidade, Aristóteles usa sua visão da alma humana.

> *Do elemento irracional, uma divisão parece estar amplamente difundida e ser de natureza vegetativa; refiro-me àquilo que causa nutrição e crescimento.* (EN 1102a28-b1)

> *Parece haver, ainda, outro elemento irracional na alma – um que, em certo sentido, entretanto, participa da razão.* (EN 1102b13)

Aristóteles está se referindo aos desejos por comida, bebida e relações sexuais que surgem espontaneamente. Esses desejos não abrigam nenhum *princípio racional* neles mesmos. Precisam ser permeados pela razão para que sejam orientados como deveriam, rumo ao autocontrole e à justiça.

Aristóteles acrescenta ainda que, nesses desejos,

> *[...] o elemento vegetativo não tem participação alguma num princípio racional, enquanto o apetitivo e, no geral, o elemento desiderativo de certa maneira participa dele, na medida em que o escuta e lhe obedece.* (EN 1102b31)

Aristóteles vê diversos potenciais na alma humana. Alguns derivam da mente, outros do corpo, e outros, ainda, de ambos. Como o alimento é absorvido e de que maneira nos faz crescer? Isso está além do nosso controle. A razão nada pode fazer em relação a isso. A alma assume o controle de nossas funções vegetativas sem consultar nossa razão. Não há escopo para a liberdade nesse domínio: "O elemento vegetativo não tem participação alguma num princípio racional" (EN 1102b29).

O elemento desiderativo, em contrapartida, que cultiva as paixões, pertence ao corpo, embora ainda esteja aberto à mente. Ele pode prestar atenção no *logos*. "Parece haver, ainda, outro elemento irracional na alma – um que, em certo sentido, entretanto, participa da razão" (EN 1102b13). Nele, nossos desejos tendem a ser caóticos, seja por excesso, seja por carência. Como cavalos fugitivos e desprovidos de cavaleiros, eles esperam por direção. A tarefa do homem é assumir as rédeas e guiá-los, orientar seus desejos, com toda a energia fulminante que abrigam, em direção ao objetivo buscado. É uma questão de abrir o elemento desiderativo ao princípio racional, ao *logos*, de modo que ele possa ser imbuído de inteligência.

Educação e prazer

Em toda essa empreitada, a educação é importante. É ela que nos orienta até nos tornarmos aptos a assumir o controle do próprio crescimento. É a educação que determina nossas relações com o prazer.

> *É por causa do prazer que praticamos más ações, e por causa da dor que nos abstemos de ações nobres. Assim, deveríamos ter sido educados de maneira específica desde nossa juventude, como diz Platão, a fim de sermos capazes de nos deleitar*

com tudo a que tivéssemos direito e, ao mesmo tempo, sentir dor em tudo o que merecêssemos; pois esta é a educação correta. (EN 1104b10-12)

E não é irrelevante que desde a nossa juventude nos habituemos dessa ou daquela maneira. Tem, pelo contrário, imensa importância, ou melhor: tudo depende disso. (EN 1103b24-25)

Aristóteles oferece-nos as regras para que nos tornemos virtuosos. Em primeiro lugar, devemos realizar atos virtuosos. "Tornamo-nos justos praticando atos justos, e assim com a temperança" (EN 1103b1). Não se trata de permanecer em um estado de consciência moral, mas de *realizar* atos que levem a paixão a se submeter à razão e a ser inspirada por ela, de maneira que a energia passional seja direcionada para onde deveria ser. Isso às vezes envolve uma luta, pois existem elementos na paixão que não desejam se submeter. É somente quando a luta termina e a paixão já está totalmente moldada pela inteligência que nos tornamos verdadeiramente virtuosos.

Há muito trabalho a ser feito no que se refere a discriminar entre os prazeres imediatos, sensíveis e aqueles maiores. Na verdade, o elemento desiderativo na alma deseja possuir o objeto que almeja; ele é impulsionado na direção dele. Quando estamos famintos, experimentamos um desejo por alimento. Esse desejo precisa ser controlado para que comamos o que devemos comer, na hora certa e do modo correto. Quando alguém se mostra agressivo em relação a nós, não devemos nos permitir ser levados pela raiva descontrolada. Precisamos dominar nossa própria agressividade.

> *Não é fácil ser bom. Pois em todas as coisas é difícil encontrar o meio-termo; por exemplo, encontrar o meio de um círculo não é para todos, mas só para aqueles que sabem fazê-lo; da mesma maneira, qualquer um pode encolerizar-se – isso é fácil – ou dar ou gastar dinheiro; contudo, fazê-lo para a pessoa certa, na medida certa, no momento certo, pelo motivo certo e do modo certo, isso também não é para qualquer um, tampouco é fácil; razão pela qual a bondade é, ao mesmo tempo, rara, louvável e nobre.*
>
> *Assim, quem visa ao meio-termo deve primeiramente evitar o extremo mais contrário a ele, conforme adverte Calipso: "Mantém a nau distante da espuma e do turbilhão".*
>
> *Pois dos extremos um é mais errado; o outro, menos. Assim, uma vez que alcançar o meio é difícil na extremidade, devemos, como segunda melhor opção, como dizem as pessoas, enfrentar o pior dos males; e isso será feito melhor do modo como descrevemos.* (EN 1109a24-35)

Em todos nós existe uma tendência quase natural que nos impulsiona aos extremos – o excesso ou a carência –, seja em nossas ações, seja em nossos desejos. Para encontrar o feliz meio-termo entre ambos, temos de aprender a conhecer a nós mesmos e a nos resguardar contra o desejo que nos impele na direção de um dos dois.

> *Mas devemos considerar as coisas às quais nós mesmos também nos deixamos atrair; alguns tendem a uma coisa, outros a algo diferente; e isso será percebido a partir do prazer e da dor que sentimos. Devemos nos empurrar para o extremo inverso;*

assim haveremos de chegar ao estado intermediário, afastando-nos dos erros, como as pessoas fazem ao endireitar galhos tortos. (EN 1109b2-7)

Se sabemos que temos a tendência ou o defeito de falar muito sobre nós mesmos e ser orgulhosos e prepotentes, devemos segurar nossa língua e evitar esse impulso, falando apenas quando devemos nos pronunciar, para aqueles a quem devemos falar e do modo como devemos falar. De modo similar, se sabemos que temos medo de agir, que nos falta autoconfiança e que somos pusilânimes, precisamos nos forçar a seguir na direção oposta para sermos realmente humanos. Esse é um conselho sábio para qualquer pessoa que deseja alcançar maturidade como ser humano.

Ora, em tudo devemos nos resguardar do agradável e do prazeroso; pois não os julgamos imparcialmente. (EN 1109b8-9)

Outro importante conselho! É óbvio, porém, que aqui Aristóteles não está se referindo a todo prazer – pois, como vimos, há grande prazer a ser derivado dos atos de generosidade e justiça –, mas àquelas formas de prazer que nos atraem para longe da verdade e do meio-termo. Ele prossegue:

Devemos, então, diante do prazer nos sentirmos como os anciãos do povo para com Helena, e em todas as circunstâncias repetir o que diziam;[1] *pois, se não dermos ouvido ao prazer, correremos menos risco de errar.* (EN 1109b9-11)

Dos atos virtuosos à virtude

É quando suas paixões começam a se sujeitar à razão e a deixar-se permear por ela que o homem se torna virtuoso. Sua vida assume uma direção. Ele sabe aonde está indo. Deixa de ser um cata-vento, que gira em todas as direções, sacudido por suas paixões. Ele não se deixa partir ao meio por desejos distintos que o fragmentam e o levam a cometer atos injustos. Então, tudo o que estava latente dentro dele se desenvolve. Gradualmente, seu caráter torna-se estável. Ele constrói uma unidade interna. Ele aprende como agir e a fazê-lo como homem. E assim ele se abre para os outros.

Tudo isso leva tempo, pois as virtudes não são adquiridas da noite para o dia. Muitos dos atos virtuosos ainda serão conquistados, mas apenas com grande dificuldade e depois de muita luta contra desejos opostos. Os atos podem ser virtuosos, mas a virtude ainda não se estabeleceu como uma disposição íntima da alma e pronta para a ação. Somente quando, finalmente, a ação justa e verdadeira se torna fácil e uma fonte de prazer, podemos estar certos de que ela deriva da virtude completa e perfeita. Por essa razão, Aristóteles nos diz que a virtude está sempre associada ao prazer e à dor. Uma ação realmente virtuosa é fonte de prazer. A marca da virtude em nós é, portanto, o prazer que extraímos dela.

> *Devemos assumir como sinais indicativos do caráter* [virtude estabelecida] *o prazer ou a dor que acompanha os atos; pois o homem que se abstém de prazeres corporais e se deleita nessa abstenção se revela temperante; enquanto aquele que se deixa perturbar por ela é intemperante, e aquele que se mantém firme contra coisas terríveis e sente prazer ao fazê-lo, ou ao menos não sofre com isso, é bravo; enquanto aquele que sofre é covarde.* (EN 1104b3-8)

Portanto Aristóteles não elimina o desejo. Longe disso! Para ele, trata-se de desejar as coisas que deveríamos, no momento e da maneira certos. O elemento do desejo é como um fluxo vital de energia que precisa ser orientado. Esse norteamento é o trabalho da razão. E tudo isso leva tempo.

É interessante reparar que, para Aristóteles, existem diferentes tipos de desejos. Os primeiros são os desejos por comida, bebida e sexo, que devem ser controlados pela razão para que o homem possa ser o mestre de si mesmo e moderado. Também existem medos que precisam ser controlados se o homem pretende ser corajoso e defender-se diante das adversidades. Essas são as paixões clássicas. Existem, porém, outras formas mais sutis de desejo, associadas à vontade de doar de maneira impensada, e não pelo bem da outra pessoa, apenas para parecer importante ou chamar a atenção de amigos bajuladores; há aquelas ligadas ao desejo de reconhecimento ou de sucesso social a qualquer preço, independentemente de quaisquer considerações relativas à verdade e à justiça.

Aristóteles também fala de outros desejos que nos levam à avareza e à pusilanimidade – sob a influência do medo ou da insegurança –, que revelam nossa falta de autoconfiança, nosso medo de conflito e o fato de estarmos nos escondendo e fechados em nós mesmos. De modo típico, querer doar constantemente, doar muito, no momento errado, repetidas vezes, desafiando qualquer senso comum, deriva daquilo que hoje é conhecido como *compulsão*. Hoje, as ciências humanas chegaram a uma teoria para isso. Não valeria a pena olhar mais de perto a maneira como essas últimas formas de desejo derivam ou do elemento desiderativo na alma ou daquilo que é conhecido como "agressão" ou "raiva"? Aristóteles nos diz que o "desejo irracional é duplo, a saber – raiva e apetite" (Ret. 1369a5).

Sabendo como escolher

Perceber a nós mesmos e nos orientar rumo à felicidade humana exigem que façamos escolhas. A escolha deliberada, ou o "propósito", está no cerne tanto da ética aristotélica quanto da realidade humana, "pois no propósito está o elemento essencial da virtude" (EN 1163a23). Isso implica liberdade. Um ato que foi realmente escolhido procede do interior; não é forçado nem coagido pelo medo ou por circunstâncias externas. É um ato livre.

> *Mas se a nossa conclusão parece verdadeira e não podemos referir (as ações) a outros princípios motores que não estejam em nós mesmos, os atos cujos princípios motores estejam em nós também estão em nosso poder e são voluntários.* (EN 1113b19)[2]

O desejo pela felicidade não está sujeito a escolhas; trata-se de uma tendência natural e espontânea. A escolha ocorre quando *queremos*, de maneira ativa, ser felizes, e adotamos quaisquer meios que considerarmos que possam nos levar na direção da felicidade. É claro, pela fraqueza ou ignorância, ou permitindo a nós mesmos ser levados por paixões descontroladas, é bem possível que escolhamos um bem que nos garanta apenas um prazer passageiro.

Para Aristóteles, uma pessoa constrói a si mesma pelas escolhas que dão forma à sua personalidade e que a transformam num ser humano completo (ou incompleto). Ele não pode ser moral sem que haja espaço para a liberdade. Aristóteles afirma que os escravos não têm a mesma oportunidade para fazer escolhas e agir como homens livres, como cidadãos. Pelo fato de estarem sujeitos à autoridade, eles não podem escolher o que há de melhor num ser humano. Contudo, dentro de seus parâmetros, eles podem adquirir a virtude que é apropriada a eles.

Quem são os escravos dos nossos tempos, as pessoas cuja liberdade é restringida? Podemos imaginar rapidamente que sejam os imigrantes ou os pobres, que com frequência não podem fazer escolhas reais. Pensemos, entretanto, em alguns executivos que, por força da pressão social ou cultural, aceitam trabalhar muito mais do que escolheriam. Eles precisam de um grande salário para manter certo estilo de vida ou, possivelmente, para pagar suas dívidas. Quando chegam em casa no final do dia, muitas dessas pessoas estão cansadas demais para fazer qualquer coisa exceto ver TV; elas se tornam subordinadas à TV. Em que momento elas fazem escolhas reais?

Para alcançar a verdadeira felicidade humana, precisamos ser responsáveis por nossa vida e agir com base na livre escolha em todas as circunstâncias: escolher a verdade além de todas as mentiras e ilusões; escolher o que é justo, levando em conta os interesses alheios; escolher nosso bem. Não devemos agir única e exclusivamente em nosso próprio interesse e nossa própria glória, tampouco nos recusar a agir por medo ou preguiça. E não esqueçamos que escolha implica perda. Se escolhemos uma mulher ou um homem para ser nossa esposa ou esposo, renunciamos a milhares de outros indivíduos! Nossa vida é formatada conforme as escolhas que fazemos. É desse modo que encontramos nossa identidade. Se escolhemos trabalhar para a sociedade – um grandioso ato humano na visão de Aristóteles, uma vez que significa agir pelo bem dos outros –, isso implica escolhermos os estudos adequados, que aceitemos ser guiados e tenhamos modelos; que, de maneira progressiva, nos engajemos em ações políticas e sociais para adquirir experiência; que rejeitemos a corrupção, o poder a qualquer custo, e todas as formas de injustiça. Tudo isso leva tempo e demanda esforço.

Cada um de nós atribui a felicidade a coisas distintas. É por isso que precisamos de tempo para refletir e, se possível, aprender sobre a ciência da ética para ser capaz de escolher a verdadeira felicidade humana. Não devemos permitir a nós mesmos ser influenciados por valores prevalentes e "fazer o que todo mundo faz", tampouco nos deixar levar por mestres ou prazeres superficiais – sofistas – cujos ensinamentos estão muito longe da verdade. Portanto, é um caso de assumir o controle de nossa vida, escolher e fazê-lo bem, e manter-se leal a nossas escolhas. Aristóteles explica que a escolha não apenas consiste em uma atividade que tem por objetivo certo bem, mas também a recusa (a não escolha) a uma atividade. Não escolher é uma escolha.

> *Pois quando depende de nós o agir, também depende o não agir, e vice-versa.* (EN 1113b8)

Se existem homens incontroláveis que optam pela intemperança e agem de maneira oposta àquilo que é justo, também há aqueles que são mestres de si mesmos na incerteza – eles não podem fazer escolhas. São mentalmente débeis ou psicologicamente fracos. São incapazes de incluir razão em sua paixão, deixando-se, em vez disso, ser controlados por ela. Outros podem não dispor de força, do desejo; sofrem por serem demasiado maleáveis e, com facilidade, sucumbem à tentação. Essa maleabilidade ou fraqueza de desejo manifesta-se na falta de temperança, na raiva e também em outras atividades que contrariam o bom comportamento. Existem ainda os que são verdadeiramente perversos ou embrutecidos, mas, por sorte, são indivíduos raramente encontrados entre os homens, diz Aristóteles, que, com o preconceito de um antigo grego, acrescenta: "existe com mais frequência entre os bárbaros" (EN 1145a30).

Desse último grupo, Aristóteles cita alguns exemplos horrorosos, que ainda são encontrados em nossos dias, embora, possivelmente, com diferentes disfarces: nos campos de concentração nazistas, nos campos de trabalho forçado russos ou ainda nos genocídios perpetrados na antiga Ruanda e na Península Balcânica.

> *Refiro-me aos estados brutais, como no caso da fêmea que, segundo dizem, dilacera o ventre de mulheres grávidas e devora os fetos, e das coisas apreciadas por algumas tribos selvagens do mar Negro no estado de selvageria – carne crua, carne humana...*
> *Essas disposições são brutais, mas há outras que surgem da doença (ou, em alguns casos, da loucura, como no caso do homem que sacrificou e devorou a própria mãe, ou o escravo que se alimentou do fígado de seu companheiro), e outras ainda são estados mórbidos que resultam de costumes, como o hábito de arrancar os pelos ou roer as unhas, comer carvão ou terra, e, em adição a estes, a sodomia; pois eles surgem em algumas pessoas por natureza, e, noutras, como as que foram vítimas de libidinagem ainda na infância, por hábito.* (EN 1148b20-31)

> *Pois em cada estado excessivo, seja de loucura, de covardia, de intemperança ou de irascibilidade, existe a brutalidade ou a morbidez; o homem que por natureza tem a capacidade de temer a tudo, mesmo o som de um camundongo, detém uma covardia brutal, enquanto aquele que teme uma fuinha o faz em consequência de alguma doença, e os tolos que por natureza são estouvados e vivem conforme seus sentidos são brutos,*

> *como alguma raça de bárbaros distantes, enquanto os que são assim como resultado de doença (por exemplo, da epilepsia) ou da loucura são mórbidos.* (EN 1149a5-12)

Prudência

A escolha também implica identificarmos claramente, e sermos capazes de ver de forma concreta, a melhor maneira de buscar nosso tão sonhado destino. Aristóteles chama a essa capacidade intelectual de frônese (ou sabedoria prática) ou prudência.

Na linguagem contemporânea, o homem prudente é aquele que se mostra um pouco ansioso ou tímido; tem medo de tomar decisões e não ousa correr riscos. Para Aristóteles, entretanto, o homem prudente sabe tomar decisões e assumir riscos para alcançar seus fins desejados. A prudência, nesse sentido, é uma forma de sabedoria prática; um entendimento da vida.

> *Ora, considera-se como característica de um homem dotado de sabedoria prática* [a prudência] *ser capaz de deliberar bem a respeito do que é bom e conveniente para si mesmo [...] sobre o que contribui para a vida boa em geral.* (EN 114a 25-28)

Essa virtude permite ao homem alcançar boas decisões, não apenas em benefício próprio, mas também de outros na sociedade. É por esse motivo que existe algo como a prudência política.

> *É por essa razão que atribuímos a sabedoria prática* [prudência] *a Péricles e outros homens como ele, pois conseguem ver o que é bom para si mesmos e o que é bom para os homens em geral;*

consideramos que aqueles que conseguem fazê-lo sejam bons administradores de famílias e/ou estados. (EN 1140b6-11)

Assim, a prudência está envolvida em todas as virtudes. O homem corajoso sabe quando lutar – é uma questão de sabedoria prática – e é capaz de avaliar até que ponto poderá defender sua posição. O homem de temperança sabe apenas o que ele tem para comer e beber para não se desviar de seu objetivo. A avaliação prática é algo que advém da escolha. De fato, uma vez que possamos ver claramente o que deveríamos fazer e de que modo, estaremos numa posição para fazer uma boa escolha.

Aristóteles afirma que "com a presença de uma só qualidade, a sabedoria prática, lhe serão dadas todas as virtudes" (EN 1145a1).

Para ser feliz, o indivíduo deve saber não apenas aonde está indo, mas como chegar lá. Algumas pessoas têm uma visão justa da sociedade e de si mesmas, mas, de algum modo, distanciam-se da realidade prática. Elas não sabem como progredir rumo a seu objetivo. São idealistas, ou, pelo menos, estão presas às próprias ideias. Não sabem qual deveria ser o primeiro passo ou simplesmente não se arriscam a dá-lo. Não dispõem da virtude da prudência. Outras pessoas têm uma boa intuição sobre o que deveriam fazer, mas não sabem aonde isso as levará. São pragmáticas e desconhecem as consequências possíveis ou prováveis de suas ações. Elas têm habilidades, mas não a virtude da prudência.

A prudência, em última análise, está voltada para a melhor ação, que deriva da sabedoria filosófica ou da virtude da justiça.

Nem por isso, contudo, ela domina a sabedoria filosófica, ou seja, a parte superior de nossa alma, assim como a medicina

> *não domina a saúde, uma vez que não se serve dela, mas oferece meios de produzi-la; ela emite ordens, assim, para o seu bem, mas não para si própria.* (EN 1145a6-9)

Essa sabedoria da ética e da humanidade poderia nos dar a impressão de que Aristóteles deseja que sejamos sérios e austeros. Embora a prudência tenha em vista a sabedoria, permanecemos seres humanos. Trata-se de uma questão de exercitar a sabedoria e a justiça em nossa capacidade como pessoas que possuem familiares e amigos e que sentem prazer no alimento e num bom vinho; que sabem rir e fazer os outros rirem; que amam a beleza e tudo o que é humano.

Enquanto ainda enfatiza a dimensão intelectual da ética, Aristóteles encoraja-nos a usar o tempo para pensar não apenas sobre o que desejamos da vida, os objetivos que desejamos estabelecer para nós mesmos, mas também sobre os melhores meios para atingi-los.

Não é por isso que Aristóteles descreve o homem magnânimo como aquele que não se sente estressado? Ele usa seu tempo para escolher bem. Ele não se sente alarmado pelos detalhes. Ele não se apressa nem para a direita nem para a esquerda. Ele opta por fazer o que é mais importante.

Nosso conhecimento daquilo que queremos fazer da nossa vida se torna mais específico com o tempo, assim como leva tempo para que vejamos de modo mais claro os melhores caminhos de alcançar nosso fim. Tornar-se um indivíduo mais estruturado, estável e bem orientado – ou, na palavra de Aristóteles, "virtuoso", leva tempo. As escolhas e a prudência serão diferentes no caso de uma pessoa jovem em comparação a outra mais madura. É uma questão de crescer gradualmente na virtude e na consciência que temos de nossa busca por um objetivo, e, assim, da felicidade.

Há, portanto, estágios de crescimento.

Alguns dos intérpretes de Aristóteles colocam ênfase demais na felicidade mediana ao dar uma expressão concreta a seus pensamentos. Para esses intérpretes, Aristóteles é um sistema ético de equilíbrio, conforme as inscrições em Delfos: "Nada em excesso". Para um grego antigo, não havia nada pior que a falta de moderação. Ser realizado significava ser belo, e não apenas fisicamente – embora a beleza corpórea fosse muito importante para os gregos –, mas também em termos morais. Felicidade significava ser um "homem belo" em todos os sentidos da palavra.

Essas interpretações são, parcialmente, verdadeiras, mas tendem a deixar de lado um aspecto fundamental da ética aristotélica, a saber: a felicidade é uma atividade realizada tendo em vista um objetivo final. E quanto maior e mais bonita a atividade – como determinada pelo seu objeto –, mais intensa será a felicidade. Colocar ênfase demasiada na beleza e no equilíbrio é arriscar sugerir que a felicidade é uma satisfação narcisista em si mesma, como se a felicidade derivasse de nosso olhar para nós mesmos em um espelho.

Um sistema moral de desejo e finalidade

Um homem é realizado se age em prol de um fim que seja bom. É sempre o fim, ou a intenção – a razão pela qual fazermos algo –, que torna um homem virtuoso e feliz, ou o oposto disso. Obedecer à lei escrita meramente para impressionar os outros ou para exercer poder não pode ser uma fonte de felicidade real – de modo simplificado, isso é bastante hipócrita. Tampouco ser corajoso numa batalha para defender um tirano é uma atitude virtuosa ou uma fonte de felicidade.

Devemos nos lembrar dos princípios fundamentais da Ética.

Cada arte e cada pergunta e, de maneira similar, cada ação e cada busca, deve objetivar algum bem. (EN 1094a1-3)

Se, então, houver algum fim das coisas que fazemos, que desejos por si próprios (todo o resto sendo desejado por conta disso) [...] claramente esse deve ser o bem e o bem principal. (EN 1094a18-21)

O que torna um homem bom e sua atividade verdadeiramente humana – a fonte da verdadeira felicidade – é o fim ulterior que aspira a comprometer-se com essa atividade.

Em todas as disposições de caráter que mencionamos, como em todos os demais assuntos, há uma meta à qual o homem orientado pela razão visa, ora intensificando, ora relaxando essa atividade; também há um padrão que determina os estados medianos que chamamos de meios-termos entre o excesso e a falta, estando de acordo com a razão reta. (EN 1138b18-25)

Há duas coisas nas quais consiste todo o bem-estar: uma delas é a escolha do correto e o objetivo da ação; a outra é a descoberta das ações que são meios para chegar a ela. (Pol. 1331b26)

[...] e na ação a causa final é o primeiro princípio. (EN 1151a15)

Aristóteles nos oferece toda uma hierarquia de finalidades, algumas melhores que outras. E elas são atingidas progressivamente.

Mais uma vez, tais ações são nobres, uma vez que a recompensa seja simplesmente honrosa, ou honrosa mais que o dinheiro. Assim são aquelas nas quais o homem objetiva algo desejável pelo bem de outro alguém; ações absolutamente boas, como as que um homem realiza pelo seu país, sem pensar em si mesmo; ações boas em si mesmas, ações que não são boas apenas para o indivíduo [...] Também todas as ações realizadas pelo bem do próximo [...] e todos os sucessos que beneficiam aos outros e não a si mesmo. (Ret. 1366b35-1367a7)

Se a virtude é uma faculdade da benevolência, os melhores tipos devem ser aqueles que sejam mais úteis para os outros. (Ret. 1366b4)

[...] um homem mau parece fazer tudo para seu próprio interesse [...] enquanto o homem bom age tendo em vista a honra, sacrificando seus interesses pessoais, e, quanto mais for assim, melhor ele será. (EN 1168a32-35)

O homem realizado é, portanto, aquele que age no interesse dos outros numa sociedade. Nesse ponto, Aristóteles é claro. Em sua investigação sobre a amizade, ele pergunta a si mesmo se o homem virtuoso ama a si próprio. Sim, ele responde, mas não da mesma maneira que aquele que está fechado em si mesmo na busca pelo prazer. O verdadeiro amor-próprio ocorre na orientação para os outros. No Capítulo 2, sobre a amizade, citamos esse texto bastante significativo de maneira mais profunda.[3]

> *É fato que o homem bom pratica muitos atos em prol de seus amigos e de sua pátria, e, se necessário, dá a vida por ambos [...] Com razão, nesse caso, ele é considerado bom, uma vez que escolheu a nobreza acima de qualquer outra coisa. E ele pode inclusive deixar a ação ao seu amigo; em determinadas circunstâncias, sermos a causa da ação de um amigo é mais nobre do que nós mesmos agirmos.* (EN 1169a17-34)

Em sua análise das virtudes morais, descobrimos que Aristóteles vê o fim como estando no *outro*. A justiça é uma virtude para o outro. O homem virtuoso age desse modo porque é *bom*. Por meio dessas ações pelos outros, ele atinge a própria perfeição e o fim almejado que confere unidade ao ser humano.

Retidão moral

Aristóteles com frequência se refere ao homem virtuoso como aquele que age tendo em vista a bondade moral. A bondade, de maneira simples e direta, ele denomina *agathos*. O bem moral ou a "nobreza e bondade" é *kalos*.

> *A bondade* [agathos] *e a nobreza e bondade* [kalos] *diferem entre si não apenas em nome, mas em si mesmas. Pois todos os bens têm finalidades que devem ser escolhidas por si próprias. Destas, chamamos de nobres* [kalos] *aquelas que, existindo todas em prol de si mesmas, são louvadas. Uma vez que elas são a fonte dos atos de louvor e são, elas próprias, louváveis, como a justiça e os atos justos.* (EE 1248b17-22)

O homem mais perfeitamente realizado é honesto, íntegro e verdadeiro. Ele não age com o intuito de ter o poder a qualquer preço, para atrair a atenção para si mesmo, para ser aclamado e receber honras, tampouco para isolar-se em autossatisfação; apenas porque é justo e bom agir desse modo. Isso corresponde à mais profunda bondade de sua natureza humana.

O homem bom não é aquele superorgulhoso e centrado em si mesmo. Sua perfeição reside nas atividades pelas quais ele honra a divindade pela contemplação ou naquelas orientadas ao bem do próximo.

Essa visão ética unifica uma aparente contradição: agir em prol de si mesmo (egoísmo) ou agir pelo bem do outro (altruísmo). Ao criar essa unidade, Aristóteles evita uma das falhas da vida, a de devotar a si mesmo aos outros até o ponto de exaustão. Se nos deixamos orientar pelo bem dos outros, é para que, em troca, eles também possam alcançar a perfeição deles. Como podemos desejar essa perfeição no outro se não a desejamos em nós mesmos? A orientação para o outro deve ser exercida de acordo com a sabedoria prática ou a prudência.

Revertendo a lei

No Capítulo I, discutimos sobre como a ética aristotélica era um sistema moral baseado no desejo e fundamentado no desejo pela felicidade inscrito em cada coração humano. A verdadeira felicidade, entretanto, deve ser identificada e escolhida. Ela deve ser buscada e selecionada. Aqui retornamos a uma lei fundamental da natureza. A primeira lei é de que deveríamos refletir, colocar inteligência em nossos atos, não nos permitir ser atropelados por nossas paixões e fazer escolhas que busquem o bem. Essa lei, no entanto, está dentro de nós; não se trata de uma lei específica.

De maneira similar, saber quando e como ficar furioso envolve uma regulação interna, oferecida pelo *logos*, que se torna a consciência moral. Essa regulação interior representa o que é justo e percebido corretamente pelo *logos* – tanto pela outra pessoa quanto por aquela que age. A raiva pode ser boa se o seu propósito for reestabelecer a justiça e ajudar o outro a viver na verdade. Esse é o fim tão almejado.

O caminho para a felicidade é, portanto, permitir a nós mesmos ser guiados em tudo pelo *logos* – a luz interior que existe em cada um de nós – e que objetiva um fim justo e verdadeiro. Essa luz interior deve ser a luz verdadeira, ou seja, um estado iluminado de consciência que depende da lei natural universal. "Todas essas coisas [adultério, roubo, assassinato] e outras semelhantes implicam, no próprio nome, que são más em si mesmas" (EN 1107a11). Não há um meio-termo feliz para ações dessa natureza.

Aristóteles refere-se àquilo que poderíamos denominar "falha moral" somente em relação à injustiça. Se eu tivesse de procurar, em suas palavras, essa noção de *falha*, eu diria que ela também significa a própria humanidade de alguém não totalmente realizado. Um homem que pratique ações que sejam objetivamente más está ferindo não apenas aos outros, mas também a si mesmo; como aquele que não se posiciona de modo ativo em direção à busca pela verdade ou pelo bem dos outros na sociedade. Ele não é de fato um bom homem. Sua realização e, por conseguinte, sua capacidade de fazer o bem na sociedade são reduzidas. Ele não traz para os outros a verdade e a justiça que poderia oferecer. Seu fracasso é, portanto, uma injúria aos outros e ao bem comum da sociedade. Esta se torna menos bela pela não realização de seu ser.

Entretanto, para adquirir a virtude, para desenvolver a retidão interior e uma consciência justa, precisamos não apenas de disposição natural, boa educação e boas práticas, mas também de leis – no sentido legal – que vão compelir os jovens, em especial, a agir de acordo com a justiça. Essas leis são o trabalho da cidade-estado.

A sociedade como um lugar onde os homens podem se tornar totalmente realizados

À primeira vista, a ética de Aristóteles parece altamente individualista, uma vez que se baseia no desejo de cada um de ser feliz, o que se dá por meio de uma busca que, para um pequeno número, culmina no espanto da contemplação. Seria, entretanto, um erro limitar essa visão. Bem no início da *Ética*, Aristóteles afirma que essa ciência está subordinada à ciência política, pois é mais nobre agir de modo que um número maior de pessoas alcance a felicidade que agir somente em prol de si mesmo. Há uma ligação sutil entre ambas as ciências. A ética se orienta pela política, e a política se orienta pela ética. A ciência política deve esforçar-se para criar leis, uma constituição e instituições que encorajem cada cidadão a fazer boas escolhas para se tornar, tanto quanto possível, perfeitamente realizado.

A família e o vilarejo

Aristóteles é um realista. Um ser humano precisa de uma família. Ele nasce de uma mulher e precisa de um pai. As famílias se unem em grupos nas cidades e formam o que é uma extensão da família. A cidade-estado possui uma dimensão muito mais ampla que isso. Para viver sua vida por completo, um ser humano precisa de uma família, assim como da cidade-estado. Na família ele encontra a vida, sua educação primária, com suas disposições naturais para o conhecimento, a bondade e a justiça. Na cidade-estado ele tem acesso a uma forma de educação mais elevada e aos meios pelos quais esta vai florescer e se desenvolver em todo o seu potencial.

Aristóteles adota uma posição oposta àquela desenvolvida por Platão em sua *República*; uma visão em que homem e mulher vivem juntos e as crianças pertencem a todos. O ideal de Platão é aquele de uma "cidade unida" que o leva a desconsiderar a família. Aristóteles oferece-nos um argumento bem fundamentado em defesa da família: ela é a célula-base da cidade. É verdade que uma família pode se concentrar em si mesma e quase se tornar um fim em si mesma. Nesses casos, as pessoas trabalham na sociedade mais ampla essencialmente para alimentar sua família; elas não têm interesse na cidade-estado ou no trabalho da justiça, para poderem devotar toda a sua energia ao bem-estar de sua família. Assim como Platão, Aristóteles reconhece que isso é um perigo. Contudo, na *República*, Platão suprime a família. Aristóteles, em contrapartida, e apesar dos riscos, vê a família como algo necessário. Trata-se do berço no qual os homens devem se preparar para trabalhar de forma justa na sociedade. A família não é um impedimento para se trabalhar em prol da justiça no mundo mais amplo. Ela não absorve energia a ponto de impedir atividades que visam ao bem comum. Graças à educação que ela inculca, a família é basicamente orientada para o seu bem comum. Na cidade-estado, cada cidadão é responsável pelos outros.

A vida em família assume outro papel bastante benéfico para o homem. Ela lhe permite crescer em sua humanidade, em sua capacidade enquanto marido e pai.

> *Entre marido e mulher a amizade parece existir por natureza; pois a espécie humana se inclina naturalmente a formar duplas – mais até do que formar cidades, assim como a família*

é anterior à cidade e mais necessária que ela, e a reprodução é comum ao homem e aos animais.

Com os outros animais a união vai até esse ponto, mas os seres humanos vivem juntos não só para a reprodução, mas também para vários outros propósitos da vida; pois, desde o início, as funções estão divididas, e aquelas de homens e mulheres são diferentes, assim eles se ajudam mutuamente, oferecendo seus dons específicos para o bem de ambos. É por essa razão que tanto a utilidade quanto o prazer parecem ser encontrados nesse tipo de amizade. Porém, ela também pode se basear na virtude, se ambas as partes forem boas; pois cada uma delas possui sua própria virtude, e ambas se deleitam nesse fato. E os filhos são um laço de união (a razão pela qual casais sem filhos se separam com mais facilidade); pois os filhos são um bem comum a ambos, e o que é comum os mantêm unidos. (EN 1162a17-27)

Quanto ao adultério, ele é uma vergonha para qualquer homem ou mulher que é descoberto sendo infiel, quando é casado e chamado de marido ou esposa. (Pol. 1335b37)

Para Aristóteles, a família é uma realidade vital porque as crianças são os cidadãos do amanhã. Para ele, assim como para Platão, entretanto, não deveriam existir crianças em excesso nem em pouca quantidade. Por essa razão, Aristóteles desejava que os casamentos fossem sujeitos à regulamentação, para que qualquer criança fosse forte e sadia. Em seu tempo, acreditava-se que crianças nascidas de casais jovens seriam fracas.

> *A união entre homem e mulher quando ainda muito jovens é ruim para a procriação de filhos; com todos os outros animais, os filhotes dos mais novos são pequenos e mal desenvolvidos e apresentam uma tendência a produzir fetos do sexo feminino, e, portanto, também no homem, como está provado pelo fato de que naquelas cidades em que homens e mulheres estão acostumados a se casar jovens, as pessoas são pequenas e frágeis.* (Pol. 1335a11)

Eu dificilmente penso que diríamos o mesmo nos dias de hoje! No mesmo capítulo, Aristóteles afirma que a idade ideal para um homem se casar é 37 anos, ou talvez um pouco mais jovem, e para uma mulher, 18! (Pol. 1135a30)

A cidade-estado

Se o vilarejo é uma extensão da família, a cidade-estado é uma coleção de vilarejos:

> *Quando muitos vilarejos se unem em uma comunidade completa e única, grande o suficiente para ser quase ou totalmente independente, o estado passa a existir, originando-se nas necessidades básicas da vida, e continuando a existir em prol de uma boa vida.* (Pol. 1252b27-29)

Para tornar-se plenamente desenvolvido, um ser humano precisa viver em um contexto mais amplo que aquele de sua família ou de seu vilarejo. Ele precisa da cidade-estado, na qual cada cidadão se desenvolve em um nível intelectual e humano e é capaz de realizar uma tarefa específica.

Platão já havia afirmado em sua *República* que reis, professores, comerciantes e soldados eram necessários, assim como o eram as pessoas que faziam roupas e cuidavam das fazendas etc. A cidade-estado é o lugar onde o ser humano vive e faz uso de suas capacidades.

> *A cidade está entre as realidades criadas naturalmente. O homem é, por sua natureza, um animal político. Aquele que vive fora da cidade, por sua natureza e não por força das circunstâncias, é um degradado ou está acima da humanidade; ele é semelhante ao homem tratado vergonhosamente por Homero como "sem tribo, sei lei, sem coração".*[4] (Pol. 1253a2-4)

> *É evidente que o homem é um animal feito para viver na cidade mais do que as abelhas ou outros animais gregários são feitos para viver juntos.* (Pol. 1253a4-10)

Pois, diz Aristóteles,

> *[...] a natureza, como dizemos com frequência, não faz nada em vão, e o homem é o único animal a quem foi dado o dom da fala. E embora a voz seja uma identificação de prazer e dor, e, portanto, pode ser encontrada em outros animais [...] o poder da fala destina-se a estabelecer o adequado e o não adequado, e, assim, do mesmo modo, o justo e o injusto.* (Pol. 1253a12-18)

De fato, para Aristóteles, o indivíduo é geneticamente anterior à cidade-estado, mas a cidade-estado é anterior a ele por natureza, pois, de certo modo, é o lugar no qual o ser humano pode desenvolver e encontrar sua perfeição.

> *Um instinto social é implantado em todos os homens pela natureza e, ainda assim, aquele que encontrou o estado foi o maior dos benfeitores. Pois o homem, quando aperfeiçoado, é o melhor dentre os animais, porém, quando separado da lei e da justiça, torna-se o pior entre todos.* (Pol. 1253a 30-32)

É útil perceber aqui que, para Aristóteles, a cidade-estado (*polis*) não demonstra nenhuma semelhança com as nossas sociedades, os nossos países e nossas nações contemporâneas. As cidades eram pequenas repúblicas urbanas. Atenas, a maior delas, espalhou-se por mais de 1.600 quilômetros quadrados, e a maioria das demais, cobria pouco mais de 110 quilômetros quadrados. A "cidade" era, portanto, uma entidade autônoma com uma cultura unificada e uma religião.[5] Aristóteles evoca a ideia de unidade helênica e favorece a noção de uma federação de cidades. A nação grega, ele afirma, "se pudesse ser formada em um só estado, seria capaz de governar o mundo" (Pol. 1237b34). Essa união nunca ocorreu de fato. O que Aristóteles diz sobre sistemas de governo, no entanto, poderia ser aplicado, com pequenas distinções, à nossa sociedade política.

A política, portanto, é a ciência que busca organizar a cidade-estado e dar a ela a melhor constituição possível para que seja bem governada. O objetivo desse governo não é apenas o de oferecer bem-estar material a todos os cidadãos e ajudá-los a adquirir uma profissão e tornarem-se perfeitos em sua execução. Ele também deve ajudá-los a desenvolver força de caráter e senso cívico, para se tornarem justos e verdadeiros ao trabalhar por causas maiores e mais nobres que aquelas encontradas na família e no vilarejo. Um governo que não ajuda seus cidadãos a desenvolver as virtudes da honestidade e da justiça, mas que permite que eles ajam conforme seus instintos, arrisca-se a ver seus cidadãos envolvidos em conflitos que são perigosos para a cidade-estado.

> *Mas um estado existe em prol de uma vida melhor, e não apenas em prol da vida [...] Um estado também não existe em função de uma aliança e de segurança contra a injustiça, tampouco para a troca ou intercurso mútuo.* (Pol. 1280a25-30)

> *[...] a virtude deve ser o principal cuidado de um estado que é verdadeiramente chamado assim, e não que apenas aprecie esse título: pois, sem essa finalidade, a comunidade se torna uma mera aliança cujos membros vivem separadamente; a lei é apenas uma convenção [...] e não exerce poder real para fazer os cidadãos bons e justos.* (Pol. 1279b6-12)

A conclusão é clara:

> *[...] um estado [...] é uma comunidade de famílias e agregações de famílias no bem-estar, em prol de uma vida perfeita e que se satisfaça em si mesma.* (Pol. 1280b30)

A unidade da cidade-estado

Para que um ser humano esteja apto a desenvolver sua humanidade, a cidade-estado deve estar unida e em paz. É claro que, como demonstra a história de maneira bem clara, guerras podem eclodir em qualquer lugar e, às vezes, são guerras civis. Entretanto, se toda a energia dos homens for usada em combate, eles dificilmente terão tempo para desenvolver-se, crescer em conhecimento e construir um estado justo. Essa questão da unidade das cidades-estados era central no pensamento de Platão.

O marxismo e várias outras formas de fascismo também veem a unidade como a regra suprema. O governo existe com o objetivo de impor unidade, se necessário pela força da polícia secreta. Como então governar e impor as leis que o governo considera necessárias e essenciais para o bem-estar de todos os cidadãos e o estado? Se os líderes políticos estiverem convencidos de que estão certos, que são os únicos capazes de dizer o que é bom para a cidade e que aqueles que se opõem à sua visão são rebeldes, incrédulos, vilões e/ou delinquentes, eles buscarão impor seus pontos de vista pela força e impedir, a qualquer preço, que esses "celerados" desfaçam a tranquilidade e a paz e assumam o poder. Segundo a visão de Platão, é perigoso dar aos indivíduos muita liberdade e muito alcance em seus pontos de vista, pois isso deixa a porta aberta para todos os tipos de subversão e perversão.

Aristóteles quer a unidade na cidade, mas por um método diferente de Platão. Ele busca isso encorajando todos os cidadãos a serem virtuosos, bons e, acima de tudo, amigos. Platão, em sua *República* (mas não em *As leis*), mostrava-se inclinado a impor a maior unidade possível. Para Aristóteles, entretanto, impor unidade num estado era como levá-lo à ruína (Pol. 1261b7-15).

Aristóteles propõe que os cidadãos sejam homens livres: livres para crescer e alcançar a própria autonomia, para se tornar virtuosos – em resumo, para desenvolver uma vida plena e feliz.

> *Acreditamos que a amizade seja o bem maior dos estados e aquilo que vai preservá-los diante de revoluções; tampouco*

> *existe algo que Sócrates de maneira tão grandiosa defina como a unidade do estado que ele e o mundo declaram ter sido criada pela amizade. Mas a unidade que ele glorifica seria como aquela entre amantes em* O banquete*, que, como teria dito Aristófanes, merecem crescer juntos no excesso de sua afeição e deixarem de ser dois para se tornar um só, caso em que um deles certamente pereceria, ou ambos. Enquanto em um estado em que houvesse mulheres e crianças comuns, o amor seria insípido.* (Pol. 1262b7-16)

Então, para Aristóteles, a unidade da cidade-estado se origina no fato de que o homem é naturalmente um animal político que encontra sua realização na virtude e na amizade. Nessa amizade, a outra pessoa é considerada diferente. Este não é o "amor" descrito por Aristófanes, que representa a fusão. Assim, cada cidadão é livre para crescer em virtude, em especial nas virtudes da justiça e da sabedoria. A crítica de Aristóteles à ideia de ter posses, mulheres e crianças em comum testemunha a importância que ele dá à diversidade que forma a união.

Nesse ponto, Aristóteles é realista. Ele não espera que cada cidadão seja tomado pelo bem comum e pela ideia de ter todas as posses em comum a ponto de que não mais precisem de posses ou bens que sejam somente seus. Não há dúvida de que possuir muito pode provocar ciúmes e discórdia. No entanto, o homem bom não irá a extremos nesse sentido, tampouco será a causa do conflito. O egoísmo é o defeito de amar a si mesmo em um grau exagerado, não de amar a si mesmo.

> *Mais uma vez, quão imensuravelmente maior é o prazer quando um homem sente que algo é seu; pois, certamente, o amor*

> *do ser é um sentimento implantado pela natureza e não ofertado em vão, embora o egoísmo seja prontamente censurado; isso, entretanto, não é meramente o amor pelo ser, mas o amor pelo ser em excesso, como o amor do avaro pelo dinheiro; para todos, ou quase todos, os homens amam o dinheiro e outros itens em certa medida.* (Pol. 1263a40-b6)

Se o homem perfeitamente realizado é aquele que trabalha na cidade-estado pelo bem de seus amigos e de todos, a cidade-estado e por consequência sua constituição existem para ajudar cada cidadão a se tornar o que é chamado a ser, conforme sua natureza: ser feliz pelo exercício das atividades mais humanas e divinas. Por isso, existe a necessidade de boas leis e de uma constituição verdadeiramente justa.

A necessidade de leis

Ao afirmar que o papel da política é encorajar os cidadãos a se tornarem virtuosos e a desenvolver seu senso cívico, Aristóteles sustenta que as leis devem obrigá-los a respeitarem-se uns aos outros. Ele sabe que é impossível forçar as pessoas a serem virtuosas e trabalhar pelo bem da sociedade. O indivíduo que age por medo de punição não é virtuoso, mas a lei poderá ajudá-lo a dar um passo no sentido da virtude. A felicidade de alguém pode derivar somente da livre escolha. Boas leis são, portanto, necessárias para proteger as pessoas da injustiça e impor limites àqueles que vivem conforme suas paixões. A ciência da ética, os argumentos éticos e o encorajamento para se viver uma boa vida podem ser úteis, mas não são suficientes.

> *[...] embora eles* [os argumentos] *pareçam ter o poder de encorajar e estimular os jovens de espírito generoso e preparar um*

caráter bem-nascido e genuinamente amigo de tudo o que é nobre para receber a virtude, eles não são capazes de incentivar os muitos à nobreza e à bondade. Pois o homem comum não obedece por natureza ao sentimento de vergonha, apenas ao medo, tampouco se abstém de praticar atos maldosos por causa da baixeza deles, mas pelo medo de punição; ao viver pela paixão, ele persegue seus próprios prazeres e os meios para alcançá-los, e, ao mesmo tempo, evita as dores opostas, e não tem sequer um conceito do que é nobre e verdadeiramente agradável, uma vez que jamais o experimentou. (EN 1179b6-15)

Para ajudar aqueles que não têm o desejo de ser realmente bons e generosos, a restrição – o medo da lei e da punição – se faz necessária. A lei também existe para estimular o desejo de ser bom e generoso, mas, talvez, sua função mais importante seja a de ajudar os homens jovens a adquirirem bons hábitos.

Mas é difícil receber desde a juventude um adestramento correto para a virtude se não tiver sido criado conforme leis apropriadas, uma vez que a maioria, em especial os jovens, não encontra prazer em viver de maneira temperante e esforçada. Assim, as leis devem prescrever sua criação e suas práticas; pois essas coisas deixam de ser consideradas dolorosas quando se tornam habituais. (EN 1179b31-35).[6]

Contudo, esses homens jovens, mesmo ao alcançar a vida adulta, ainda precisarão das leis.

> *Mas certamente não basta que, quando jovens, ganhem cuidados e atenção. Uma vez que mesmo quando adultos devem praticar essas leis e estar habituados a elas, também precisam delas para isso, e, de modo geral, para a vida inteira.* (EN 1179b36-1180a3)

> *É por isso que alguns acreditam que os legisladores deveriam estimular os homens à virtude e instigá-los a seguir adiante pelo motivo do nobre, pela concepção de que aqueles que já estão bem avançados pela formação de hábitos vão atender a tais influências; e que punições e penalidades deveriam ser impostas sobre aqueles que desobedecem e revelam uma natureza inferior, enquanto os incuravelmente maus deveriam ser banidos de vez. O homem bom (eles acreditam), uma vez que viva com sua mente fixada naquilo que é nobre, se submeterá aos argumentos, enquanto o malévolo, cujo desejo se encerra no prazer, é corrigido pela dor como um animal de carga.* (EN 1180a7-13)

Aristóteles nem sempre é muito otimista no que diz respeito à possibilidade de ajudar as pessoas a mudar e se tornar mais humanas!

Não é fácil na política distinguir leis que são necessárias para proteger os cidadãos da injustiça daquelas necessárias para ajudar as pessoas a se tornarem honestas, justas e verdadeiras. Na obra de Aristóteles, a política invade demais o domínio privado de nossa mentalidade moderna, por exemplo, quando o filósofo queria controlar o número de filhos concebidos numa família.

> *A negligência a esse assunto* [a limitação da população], *que, em estados existentes é tão comum, é uma causa de pobreza infindável entre os cidadãos; e a pobreza é parente da revolução e do crime.* (Pol. 1265b10)

De modo similar, ele gostaria de ver uma lei que proibisse a criação de filhos com deficiência.

> *Quanto à exposição e à educação das crianças, deixe que exista uma lei que impeça que crianças deformadas vivam, mas que, com base no excesso de crianças, caso o costume estabelecido do estado o proíba (uma vez que em nosso estado a população tem um limite), nenhuma criança deva ser exposta, mas quando os casais tiverem filhos em excesso, permitir que o aborto ocorra antes que o sentido e a vida tenham começado; aquilo que pode ou não ser feito pela lei nesses casos depende da pergunta da vida e da sensação.* (Pol. 1335b18-27)

As várias formas de governo

Se um homem precisa viver em uma cidade-estado para desenvolver suas capacidades intelectuais e morais, o modelo assumido pelo governo é muito importante. De fato, algumas formas de governo esmagam seus cidadãos e os impedem de se tornarem plenamente humanos. Outras, no entanto, buscam o bem de todos os cidadãos.

> *A conclusão é evidente: os governos que demonstram cuidados com os interesses comuns são constituídos conforme os princípios de justiça, e são, portanto, verdadeiros; já aqueles*

> *que somente se preocupam com os interesses dos que governam são todos defeituosos e pervertidos, pois são despóticos, enquanto um estado é uma comunidade de homens livres.* (Pol. 1279a17-21)

> *As verdadeiras formas de governo são, portanto, aquelas nas quais o um, os poucos ou os muitos governam tendo em vista os interesses comuns; já os que governam voltados para os interesses privados, seja de um, de poucos ou de muitos, são apenas perversões.* (Pol. 1279a 25-30)

Aristóteles especifica três formas de governo: a monarquia, a aristocracia (ou seja, o governo pelos melhores) e a *politia*.[7] Suas respectivas perversões são a tirania, a oligarquia e a democracia.

> *Pois a tirania é um tipo de monarquia que tem por fim os interesses somente da monarquia; a oligarquia se concentra nos interesses dos ricos; a democracia, dos pobres; nenhuma delas, portanto, visa ao bem comum de todos.* (Pol. 1279b6-10)

Para concluir este capítulo sobre política e justiça, é interessante olhar para os insights de Aristóteles quanto ao modo como um tirano busca manter o poder, pois isso nos oferece pistas para reconhecer a tirania em nossos próprios tempos.

Infelizmente, ditadores modernos como Hitler, Stálin e aqueles da América Latina fizeram bom uso desses métodos. Uma das formas pelas quais o tirano conserva seu poder, segundo nos diz Aristóteles, é

[...] removendo os que se encontram elevados demais; é preciso matar os homens de espírito; é preciso permitir refeições comuns, associações, educação e todo o resto; é necessário manter-se em guarda em relação a qualquer coisa que possa inspirar coragem ou confiança entre os súditos; devem ser proibidas reuniões acadêmicas ou outros encontros que fomentem discussões; é preciso utilizar-se de todos os meios para evitar que as pessoas conheçam umas às outras (pois o conhecimento gera confiança mútua). Além disso, é necessário fazer com que todas as pessoas que vivem na cidade apareçam em público e vivam diante dos portões palacianos; assim o governante saberá o que elas estão fazendo [...] Outra arte do tirano é semear discórdia entre os cidadãos; amigos deverão engalfinhar-se com amigos, pessoas comuns com os notáveis e os ricos entre si. Esse governante também deverá empobrecer a todos; ele então se prepara contra uma guarda dos cidadãos, e as pessoas, obrigadas a manter-se firmes no trabalho, são impedidas de conspirar. As pirâmides do Egito nos oferecem um exemplo dessa política [...] O tirano também é encontrado fazendo guerras para que seus súditos tenham o que fazer e se empenhem mantendo um líder. (Pol. 1313a34-b29)

Podemos ver como a política depende da ética e a ética depende da política. Um cidadão tem em vista a cidade e a cidade tem em vista o cidadão. Entretanto, para que isso se aplique, todos (ou a maioria das pessoas) devem assumir a responsabilidade por sua própria vida e pela vida dos outros. Um bom governante não deve ter apenas habilidades, mas prudência política, honestidade e senso de justiça. Para que os cidadãos cresçam na virtude, eles precisam de governantes honestos e sábios, assim como de uma constituição direcionada aos interesses comuns. Quando lemos sobre o modo como agem os tiranos para manter o poder, podemos, em contrapartida, inferir como deveria ser um verdadeiro líder para que os cidadãos possam progredir coletivamente rumo à liberdade e a uma vida verdadeiramente feliz. O que é bom para a cidade-estado de Aristóteles não parece se aplicar a qualquer organização humana?

6

AS FALHAS E O VALOR DA ÉTICA ARISTOTÉLICA

Sempre que tentamos interpretar a ética aristotélica, nós nos arriscamos a fazê-lo conforme nossa própria visão e nossos valores pessoais. Posso afirmar com toda a certeza que alguns tradutores interpretaram equivocadamente os pensamentos de Aristóteles ao utilizar uma palavra no lugar de outra. Se, entretanto, abordarmos a *Ética a Nicômaco* com o devido rigor e cuidado, se buscarmos compreendê-la de dentro para fora, colocando-a no contexto do pensamento e do trabalho dele como um todo, de modo que se revelem filosoficamente consistentes, poderemos captar o que é específico no pensamento aristotélico. Foi isso o que tentei fazer nas páginas anteriores.

Estabelecer as falhas em sua ética é bem mais difícil. A que deveríamos compará-las? Em relação a que norma deveriam ser observadas? Voltamos então ao nosso entendimento de ética. Neste capítulo, tecerei uma comparação da ética de Aristóteles não com a ética kantiana ou qualquer outra ética filosófica claramente definida, tampouco com a ética cristã ou qualquer outra baseada em religião, mas com um sistema filosófico essencial que possa ser trabalhado hoje, aproximadamente 2.350 anos depois de Aristóteles. Desde a época dele, o mundo seguiu em frente, o pensamento seguiu em frente e, posso dizer, a humanidade seguiu em frente. E muitas descobertas alteraram profundamente o campo das ciências humanas.

Se eu tivesse de identificar uma filosofia moral para os nossos tempos acessível a todos, começaria com três afirmações:

- Todo ser humano, independentemente de suas limitações, cultura ou religião, é importante e valoroso e deve ser respeitado.
- A pior doença é o desdém pelo outro, que pode levar à opressão e à supressão da vida humana.
- Para progredirmos rumo à completude da vida que está inscrita em seu ser, cada pessoa, em determinado momento, precisa do outro.

Toda pessoa é sagrada e deve, portanto, ser respeitada. A origem de essa afirmação é muito antiga, porém, uma vez que foi codificada na Declaração Universal dos Direitos Humanos de 1948, pode-se dizer que tenha se transformado em uma certeza moral universal; o ponto de partida para todos os direitos humanos, além de um ponto de referência para o direito internacional. A maioria dos homens, e os mais sábios entre eles, a aceitam como uma verdade incontestável. É certo que atos de genocídios, repetidas guerras e todos os tipos de opressão e desigualdade pisoteiam esse grande princípio, mas ele ainda se sustenta. A reação provocada pela guerra nos Bálcãs e em todos os demais lugares é uma demonstração desse fato. Vimos homens e mulheres serem massacrados. O grito de "Pare!" ecoou de muitos. A consciência universal de que somos todos membros da mesma raça humana permanece muito forte. A vida de outra pessoa é tão preciosa quanto a minha. Cada indivíduo tem um valor sagrado.

Resta ainda perguntar o que constitui uma pessoa. Essa é uma questão moral fundamental na filosofia humana. Uma criança é uma pessoa? Somente a capacidade de raciocinar define um indivíduo? Os física ou mentalmente deficientes – aqueles que não dispõem da capacidade de racionalizar ou refletir – são de fato pessoas? Estamos começando a falar sobre pessoas com deficiência. As Nações Unidas reconhecem os direitos desses indivíduos. Também existem pressões em relação às crianças não nascidas. Em que ponto nos tornamos pessoas? Na concepção? No terceiro ou quarto mês de gestação? Dizemos que o aborto é o encerramento de uma *gravidez*; não dizemos que se trata do término de uma *vida humana*. Isso é chocante. A lei condena o infanticídio. Por que então permite o aborto? Há uma necessidade urgente de se especificar em que ponto o embrião se torna uma pessoa. Essa questão, no entanto, não parece fazer muito sucesso. Nenhum governo ousa fazer qualquer pronunciamento a respeito desse assunto.

Aristóteles, como vimos, recomenda que não devemos trazer à vida crianças deformadas e aceita o aborto do embrião, desde que ocorra antes que haja evidência de desenvolvimento. Ele deseja limitar a procriação. Os gregos antigos de fato pensavam que muitos nascimentos poderiam comprometer o equilíbrio da economia.

Para mim, cada criança é um indivíduo. Uma pessoa não é definida por sua capacidade de raciocinar, mas pela capacidade de se relacionar. Digo *capacidade de se relacionar*, e não relação propriamente dita. Uma das comunidades da Arca na África recebeu uma criança que, aparentemente, fora criada por animais e depois encontrada na floresta por soldados. À primeira vista, não havia nada de humano na criança – ela parecia incapaz de manter uma relação humana. Hoje, dez anos depois de ter sido bem recebido, Robert – como agora é chamado – caminha e se alimenta sem ajuda e tem ótimas relações com outras pessoas. Ele é obviamente um indivíduo. Ele se tornou o que era capaz de se tornar pelo fato de ter nascido de um homem e de uma mulher. E o conseguiu graças à presença de outros humanos que despertaram seu coração, até então escondido nas sombras do seu ser.

Eu poderia dizer o mesmo em relação a outras crianças que apresentam severas deficiências físicas e/ou mentais, sobre homens e mulheres aparentemente depravados, presos ou caminhando por aí, que tenham cometido crimes hediondos. Todo indivíduo nascido de um homem e de uma mulher é um ser humano, mesmo que sua mais profunda identidade permaneça escondida sob sérios distúrbios e depravação. A possibilidade sempre existe de que uma pessoa desperte para uma vida de relacionamento, mesmo que mínima, desde que esteja cercada por respeito e amor. Na história verídica registrada no livro *Dead man walking*[1] (que depois inspiraria o filme *Os últimos passos de um homem*), Helen Prejean, a autora, faz amizade com Matthew Poncelet no período que antecede sua execução pelo assassinato de dois adolescentes. Quando Helen começa a demonstrar a fé que tem por ele e uma relação se desenvolve entre ambos, Matthew se transforma. Bem mais que a aproximação da execução, o companheirismo de Prejean mesmo nas profundezas da escuridão mostra a ele quem realmente é por dentro.

As falhas na ética aristotélica

Essa conceito do que constitui uma pessoa dificilmente é o mesmo de Aristóteles, que afirma ser o *logos* aquilo que define o ser humano. Com base nisso, ele estabelece toda uma hierarquia. Somente os homens, e deles, somente aqueles que são livres e bem-nascidos, são capazes de alcançar a perfeita felicidade. Mulheres e escravos podem experimentar certa alegria, pois conseguem experimentar uma vida virtuosa dentro de parâmetros específicos, mas só estão lá para servirem à família de algum modo. Aristóteles sublinha a importância da família e, assim, do respeito pelas mulheres. Como vimos, ele se refere às virtudes das mulheres e à amizade que é possível entre elas e seus maridos (EN 1162a24). Ele também apela para a justiça em relação aos escravos, pois eles também são seres humanos. Todavia, para ele, escravos e mulheres ainda permanecem inferiores aos homens. Eles não podem, portanto, alcançar a mais completa felicidade.

> *Assim, o mesmo necessariamente se deve pressupor com relação às virtudes morais; todos devem tomar partido nisso, mas somente de uma maneira e em um grau requisitado por cada um para a realização de sua tarefa. Desse modo, o governante deve possuir virtude moral em perfeição, pois sua função, levada a cabo de modo absoluto, demanda um mestre artesão, e o princípio racional é uma arte; os súditos, em contrapartida, exigem somente a medida de virtude que é própria de cada um deles. Claramente, portanto, a virtude moral pertence a todos; mas a temperança do homem e da mulher não são, como defendido por Sócrates, iguais; a coragem de um homem é demonstrada no comando; a de uma mulher, na obediência. E isso se aplica a todas as demais virtudes. Temos de manter o que Sófocles disse sobre a mulher: "A beleza está no silêncio". Essa afirmação não é, todavia, verdadeira no que se refere ao homem.* (Pol. 1260a13-30)

> *Ela* [a felicidade], *segundo essa concepção, também deve ser partilhada por um grande número de pessoas; pois quem já não está mutilado no que diz respeito a sua capacidade para a virtude pode conquistá-la mediante certo tipo de estudo e diligência.* (EN 1099b17-19)

Aristóteles também sucumbe ao racismo e ao elitismo quando cita Eurípedes: "Faz sentido que os helenos devessem governar os bárbaros;

como se achassem que os bárbaros e os escravos fossem iguais" (Pol 1127b23-32). Não é inconcebível que as palavras de Aristóteles tenham sido usadas para justificar a escravidão ou a ideia de superioridade de uma raça sobre a outra.

A falta de coração

A rígida visão das coisas e da hierarquia entre as pessoas deriva, ao que me parece, do fato de Aristóteles basear o valor dos seres humanos somente em sua capacidade racional e intelectual. É por isso que ele não confere valores humanos a crianças com severas deficiências mentais que parecem privadas da razão.[2]

Para ele, o essencial é o exercício da razão e da inteligência, que perfazem um grau maior ou menor possível de autonomia, e autonomia aproxima mais o homem de Deus, ou dos deuses. A amizade, para ele, é o auge da vida humana, um maravilhoso fruto da virtude. Contudo, ele ignora a importância da vida do relacionamento, que existe mesmo antes do florescimento da razão.

Ele não consegue, portanto, conceber o supremo valor do encontro entre duas pessoas como descrito no livro de Martin Buber, *Eu e tu*. A amizade entre desiguais, por exemplo, entre uma pessoa rica e uma pobre, é considerada por Aristóteles apenas por uma perspectiva quase mercantil. Para ele, o rico ou magnânimo é feliz porque pode dar. *Receber* implica falta de autonomia, inferioridade. De modo similar, a virtude do homem está em comandar e a da mulher, em obedecer. Aristóteles não vê o que cada um pode oferecer ao outro, não meramente em termos da capacidade que têm, tampouco em termos do seu amor. Nessa base, uma *comunhão* pode se desenvolver entre ambos, que é o compartilhamento não somente de atividades grandiosas e maravilhosas, de pensamentos belos e generosidade, mas também a partir de suas falhas, suas fraquezas e suas necessidades efetivas. A felicidade não consiste, portanto, em atingir a maior autonomia possível, na qual parecemos fortes e capazes, mas no compartilhamento dos corações e na humildade em relação ao outro. Assim, a criança pode humanizar o homem do mesmo modo como uma pessoa fraca e desolada pode liberar o bem, a ternura e a compaixão que existem dentro do homem e, desse modo, ajudá-lo a descobrir uma nova unidade e uma nova comunhão interiores.

As ciências humanas nos ensinam que a capacidade de amar se desenvolve logo nos primeiros meses da vida de uma criança, por meio de seu relacionamento com a mãe. A criança precisa da experiência desse primeiro amor incondicional. Esse é o mistério dos seres humanos. A primeira relação, entre a criança e sua mãe ou pai, é crucial e forma a base de todas as escolhas subsequentes e deliberadas. Se a pequena criança é ferida pela rejeição, ou pela falta desse primeiro amor, é provável que lhe falte autoconfiança e que tenha grande dificuldade em adquirir virtudes humanas mais tarde em sua vida. Aristóteles não conseguia compreender o papel da relação pai/filho no desenvolvimento dos seres humanos e na inteligência humana.

Mesmo assim, Aristóteles não é o pai do intelectualismo como, em certos momentos, foi acusado de ser. Ele foi censurado pela aridez de sua filosofia, e, em contrapartida, as pessoas têm aplaudido as dimensões afetivas do pensamento oriental e do pensamento judeu. É verdade que Aristóteles está tentando compreender o universo, enquanto o povo judeu recebe seu conhecimento e suas leis do Deus que os ama, os guia e cuida deles. Assim é no judaísmo: o afetivo recebe certa primazia. Parar bruscamente na inteligência discursiva em busca de compreensão, entretanto, significa compreender equivocadamente Aristóteles. Para ele o conhecimento começa com a admiração e o espanto diante do universo e culmina com o espanto, na paz e no descanso da contemplação, ou em trabalhos de justiça na cidade-estado. Ele baseia toda a sua abordagem em uma relação de confiança com o mundo, um relacionamento que é quase afetivo com a realidade conforme percebida pelos sentidos. Ele insiste no conhecimento e na busca pela verdade, desde que elas sejam orientadas para outras ou para a divindade. Desse modo, Aristóteles difere daqueles para os quais o ponto de início (e do fim) é a consciência do sujeito que está pensando.

Para Aristóteles é a amizade que abre uma porta definitiva para o coração. Entre dois amigos existe o amor verdadeiro. O amigo é *outro "eu"*. Ele deseja o que é bom para a outra pessoa. Ambos buscam os mesmos valores. Juntos eles devotam a si mesmos à busca pela verdade e pela justiça na cidade-estado. O elemento coração está presente, mas a amizade implica também que o amigo seja forte e capaz e devote a si mesmo a grandes coisas. Desse modo, e como já vimos, a amizade se transforma num pináculo da vida humana.

A falta de compaixão

Aristóteles não rejeita a afetividade, mas não considera o coração a mola mestra da vida humana e dos relacionamentos. O fato de não atribuir primazia ao coração o impede de observar a evolução humana como um crescimento rumo à justiça maior e mais universal para os seres humanos.

A evolução não é um antigo conceito grego, tampouco aristotélico. Para os gregos, o tempo era cíclico e não poderia conter a noção de progresso. A bondade e o desejo por justiça para os fracos, os doentes, os órfãos e os pobres, em geral, parecem inexistir. Com ele não existe a real compaixão. Poderíamos dizer que, nesse sentido, ele se aproxima de

Nietzsche, que desprezava os fracos e todos os que os tratassem com carinho? Não, mesmo que Aristóteles não pedisse a compaixão pelos fracos, ele afirma que o mestre deveria ser justo com seu escravo.

Seu modelo é sempre o magnânimo, o homem mais perfeito. O magnânimo faz coisas grandiosas na cidade-estado: ele promove a reforma, ele trabalha em prol da justiça. Embora não despreze os fracos e os escravos, também não perde seu tempo com eles. Aristóteles não aceita o fato de que pessoas fracas podem ser capazes de ajudar o homem a se tornar mais humano, a crescer em sua humanidade. Para ser bom, o homem magnânimo se utiliza de sua virtude pessoal.

Aristóteles não exercita uma moralidade de compaixão. Nesse sentido, sua ética difere de modo fundamental da religião egípcia de 2.800 anos atrás, que enfatiza a importância de cuidar dos fracos;[3] e do judaísmo, que reforça a importância de cuidar das viúvas, dos órfãos, dos imigrantes (ver Deuteronômio 10,17-19). No tempo de Isaías, Deus revelou que tipo de comportamento o agradava: não era tanto o sacrifício de animais no templo, tampouco o jejum, mas trabalhar pelos famintos, pobres e fracos (Isaías 58). E, no ano do Jubileu, os escravos deveriam ser libertados (Levíticos 25).

As religiões que dão lugar à compaixão permitem uma importante experiência humana. Por meio dos relacionamentos com os pobres e os fracos, ou com as crianças, o coração, a compaixão e a bondade são despertados e uma nova unidade interior se estabelece entre o corpo e a alma. É como se a tensão entre a inteligência e o corpo encontrasse uma misteriosa resolução na experiência de estar presente para os pobres. A compaixão engaja o corpo e é através dele [o corpo] que nos aproximamos dos outros. Descobrimos que o homem frágil pode nos ajudar a aceitar a nós mesmos com nossas próprias fragilidades e passamos por uma transformação interna. Tornamo-nos mais humanos, mais receptivos e mais abertos às outras pessoas. Aristóteles estava preso por trás dos muros da cidade, das muralhas do pequeno mundo dos gregos livres. Como ele poderia imaginar como seria estar aberto aos outros, e, em especial, aos não gregos?

Por que Aristóteles glorifica a inteligência e a capacidade de comandar nos homens livres e se recusa a reconhecer o mesmo potencial na inteligência das mulheres, dos escravos e dos bárbaros? Seria esse apenas um problema cultural ou haveria algo mais profundo que Aristóteles não podia ou não conseguia compreender?

Uma visão estática

Como verificado acima, parece que o desejo pela ordem, ou a primazia da ordem sobre a desordem, impede Aristóteles de perceber o valor e a importância de cada ser humano. Aristóteles está focado numa visão estática e circular.

Em contrapartida, a visão bíblica é evolucionária. O tempo se torna linear. As pessoas têm uma história. Elas caminham sob o olhar de Deus e esperam a realização da promessa que Ele fez a elas. Essas pessoas estão concentradas no futuro. A visão aristotélica é bastante diferente. Ela é determinada pela natureza de cada coisa. O mundo e as estrelas são eternos; os seres viventes, as plantas e os animais também são eternos, não como indivíduos, mas como espécies. E acima de tudo está o Movedor Primário Imóvel, a Ação ou Energia pura, o Deus Soberano que é eterno e completamente autônomo. No mundo, tudo tem sua natureza e deve ser tão desenvolvido quanto possível. A semente deve alcançar sua finalidade e dar frutos. O homem precisa ser ele mesmo, a mulher, ela mesma, assim como deve ser o escravo. Cada qual tem de reconhecer e respeitar o lugar no qual a natureza o colocou e ali descobrir sua felicidade. Dessa maneira, cada qual encontra sua perfeição em si mesmo e dentro do todo de que faz parte. Estando a serviço do homem, a mulher e o escravo podem de algum modo participar do bem do homem que contempla ou atende às necessidades da cidade-estado. É possível identificar elementos similares no sistema de castas da Índia.

A desgraça recai sobre todo aquele que interrompe a ordem, pois essa pessoa traz a desordem para a sociedade. Se deixarmos espaço para o coração, a ponto de nos preocuparmos com um pobre, de querer que ele progrida, atrapalhamos essa ordem. Aqueles que estão no poder e são ricos sairão perdendo. O coração vê além da inteligência e da ordem, de um modo que Aristóteles não podia imaginar. Sua visão da ordem implica o fato de que tudo deve estar em seu lugar e ser capaz de ser atingido pelo *logos*. A desordem engana o *logos* e arrisca promover o caos. Aristóteles está longe de ter um senso de história, seja essa história das pessoas ou de indivíduos. Ele estudou cuidadosamente a evolução das constituições nas várias cidades-estados e os fatores que desencadeavam as revoluções, mas parece ter sido incapaz de identificar uma evolução bem mais profunda em cada pessoa e no todo da humanidade, uma evolução que parece óbvia para nós que vivemos no despertar do terceiro milênio.

Esse desejo pela ordem, com sua dimensão estática, leva Aristóteles, às vezes, a garantir aos governantes da cidade-estado demasiada autoridade. Ele era um crítico ferrenho do idealismo ou da ideologia de Platão, que se inclinava na direção da unidade absoluta na cidade e, assim, à total independência e autarquia, suprimindo a família. Aristóteles, porém, não cai na mesma armadilha quando deseja controlar a vida sexual e o índice de natalidade dos cidadãos para impedir que a população aumente?

Aristóteles queria que os legisladores fizessem boas leis que orientassem e encorajassem cada cidadão a ser virtuoso e, desse modo, feliz, mas, ao mesmo tempo, insistia que a escolha da virtude devia ser livre e irrestrita! Como esses dois pontos de vista podem se reconciliar? Interpretado de maneira equivocada, a política de Aristóteles poderia levar a uma forma de fascismo que obrigaria as pessoas a serem felizes! De modo similar, por que ele quer dar ao homem mais autoridade na família? Não seria para manter a ordem? O que ele acharia se as mulheres começassem a reagir contra maridos injustos?

A visão política de Aristóteles inclui alguns elementos bastante justos no que diz respeito à intervenção de governantes na vida dos cidadãos – em especial quando esses governantes têm um senso do que é humano e do objetivo final do homem. Não é a meta dos governantes levar cada cidadão a uma vida feliz, ou seja, a uma vida que esteja de acordo com a virtude? O estado deveria, portanto, estar preocupado com a educação. Afinal, se todos os cidadãos se desviarem para o destempero – se eles forem lassos, violentos e egoístas, centrados apenas em si mesmos, e se recusarem a demonstrar interesse pelos outros –, a unidade da cidade vai provavelmente se desintegrar. O que acontece com a cidade se os seus cidadãos não forem educados para terem um senso cívico e não tiverem o desejo de trabalhar pela justiça, de conduzirem a si mesmos como homens íntegros que busquem viver na verdade e evitar todas as formas de corrupção? Será que nossa sociedade ocidental não se beneficiaria se refletisse mais sobre esse ponto? Se a educação tem como único objetivo o sucesso pessoal e o interesse individual, e não o bem comum, não é provável que os conflitos sociais aumentem e a sociedade se desintegre? De maneira similar, consciente ou inconscientemente, se as leis enfraquecerem a unidade essencial da sociedade, a família, não haverá o perigo do surgimento de cidadãos desprovidos de qualquer estrutura interna, incapazes de trabalhar em prol da justiça?

Nessa moral baseada na ordem, deveríamos também nos perguntar como reconhecemos a ordem. Seria algo imutável? Para Aristóteles, a ordem se manifesta na natureza e pela natureza. Todavia, filosoficamente, seria possível conhecer a ordem do universo? Descobrir a razão de ser desse universo? Qual o seu bem final? Rumo a que ele caminha? As respostas ingênuas e simplistas do início do século XX – sobre a humanidade evoluir rumo a uma vida melhor na qual não existiriam mais guerras e em que todos teriam o que precisassem – têm sido fortemente questionadas. Hoje essa visão se revela obsoleta. A humanidade foi reduzida a um estado de desespero ainda mais profundo por conflitos, pela opressão, pela desigualdade e pelo genocídio. Ela perdeu de vista o significado da existência. Ela já não sabe mais para onde caminha. Existe de fato algum sentido para a história e a evolução?

O desejo pela ordem e o medo da desordem com frequência se manifestam quando novas ideias ou uma nova visão aparece de dentro do grupo ou da sociedade humana. Aqueles em posição de autoridade se sentem ameaçados e tentados a trancar o sistema vigente. Eles acreditam saber o que funciona bem e querem manter o poder para impedir a desordem geral. Sua certeza impede o nascimento de novas ideias.

A ética de Aristóteles baseia-se na ordem porque tem como fundamento a natureza, um conceito menosprezado pelo pensamento moderno. Aristóteles tem fé na natureza, o que grava a lei no coração de todas as coisas e de todas as criaturas. A semente de um tomate deve produzir tomates. Essa é a lei gravada em sua semente. Do mesmo modo, Aristóteles busca "a lei natural" do homem; a finalidade ou ação para a qual a natureza o criou, para que ele [o homem] possa escolher livremente. O pensamento moderno rejeita totalmente esse conceito da lei natural, em especial no campo da ética. Como os sofistas dos tempos antigos, ele sustenta que a lei natural primária é a lei do mais saudável. Assim, ele coloca a *natureza* e a *cultura* ou a *natureza* e a *liberdade* em lados opostos. O homem está do mesmo lado da cultura e da liberdade; ele está fora da natureza e de suas leis. Esse fortalecimento da oposição entre *natureza/cultura* ou *natureza/liberdade* nos impede de reconhecer que os seres humanos também têm sua natureza; que algo está gravado em seu ser: o movimento em direção à completude da vida.

Vemos a nós mesmos confrontados, portanto, com conceitos rigorosamente opostos de vida e ética. Para alguns, a fim de encontrar a verdade do nosso ser, devemos seguir os desejos mais profundos gravados dentro de nós. Em uma análise final, a oposição a essa lei representa o suicídio da humanidade. A ecologia moderna apresenta uma analogia poderosa. O modo como estamos tratando a natureza está provocando desastres: a poluição do ar, o efeito estufa, a aniquilação de inúmeras espécies de plantas e animais. Em suma, se não atentarmos para as leis da natureza, as leis do nosso corpo e de nossa mente, causaremos uma perigosa falta de ordem em nós mesmos, no universo, na terra e na sociedade. No extremo oposto dessa moralidade da natureza e ordem, deparamos com o desejo de experimentar a liberdade irrestrita e a onipotência, de não obedecer a nenhuma lei, exceto os nossos desejos. O valor de um indivíduo é, portanto, manifestado pela libertação em relação a todas as leis e a todos os costumes e pela expressão da liberdade criativa.

O conceito de natureza para Aristóteles conduz a certa humildade. O homem recebeu sua natureza. Ele não a criou. Se, portanto, devemos alcançar a completude da vida, a questão é ouvir essa natureza. Obviamente é fácil criticar Aristóteles quando ele propõe ideias sobre a natureza enraizadas em sua época: por exemplo, de que crianças nascem doentes porque seus pais são jovens demais! Isso, porém, não justifica que toda a sua ética seja rejeitada. Não deveríamos desconsiderar seu conceito de uma lei natural, mas, em vez disso, nos aprofundarmos nele. O que deriva da natureza e o que resulta da cultura, da educação, ou até de nossos medos e preconceitos? Quem são os homens sábios dos nossos tempos que deveríamos consultar sobre esse assunto?

É verdade que Aristóteles ensina a ética voltada para uma elite. Trabalhadores braçais e escravos, assim como as mulheres, não tinham, na visão dele, nem o tempo livre nem a capacidade de viver de acordo com as grandes virtudes. Por causa disso, sua ciência moral era direcionada primariamente aos homens livres que gozavam de certo conforto, que tinham tempo e meios para fazer escolhas. Aqueles que não podiam escolher, por conta de sua pobreza ou posição na vida, não mereciam a completa felicidade. Eles sobreviviam em vez de viver. Não seria esse o papel de muitos em nossa era, quando prevalece tamanha desigualdade?

Existem, certamente, algumas falhas importantes na ética aristotélica. Ao priorizar a ordem, ele foi incapaz de atribuir valor radical a cada ser humano. É a mensagem de Jesus, como descrita nos Evangelhos, que garante a cada pessoa – rica, pobre ou desprivilegiada, judia ou grega – esse valor absoluto. Jesus abriu caminho para novos horizontes e também para um senso de evolução do ser que se move rumo à unidade da raça humana.

Embora a ética aristotélica tenha suas limitações, ela estabelece, apesar disso, alguns princípios essenciais. Ela convoca cada um de nós a usar a inteligência para refletir sobre o que somos e o que podemos nos tornar, e não nos permitir ser guiados por ilusões, sonhos ou sofismas – por tudo o que os outros fazem e dizem –, mas buscar a verdade sobre a humanidade. A reflexão ética é essencial. Os seres humanos não são apenas uma junção de desejos predeterminados ou completamente caóticos. Com ajuda, somos capazes de assumir o controle da nossa vida, de ser responsáveis por ela e fazer escolhas. A ética faz com que nos tornemos mais conscientes de nós mesmos e de nossa motivação fundamental. Ela nos faz perguntar a nós mesmos o que desejamos da vida e o que estamos procurando para nos orientar pela verdade maior rumo ao bem que somos capazes de escolher e a felicidade que somos capazes de alcançar.

O valor da ética aristotélica

A ética aristotélica é realista. Ela deriva daquilo que é humano e retorna ao que é humano. Por um lado, Aristóteles sabe que a maioria dos homens permite a si mesmo ser guiado por paixões; por outro, ele reconhece a grandeza do homem, que, de maneira específica, difere dos outros animais.

O homem é um ser que busca incessantemente a chave para a felicidade. Com frequência ele para diante de miragens, acreditando ter encontrado a fonte derradeira da felicidade e da cura, apenas para descobrir que são apenas ilusões. Então parte novamente em sua busca interminável. De geração em geração, os seres humanos têm tentado aplacar sua sede pelo que não tem limites: a busca por Deus, a busca pelo infinito na natureza e nos céus, a procura pelo infinito no amor, pela onipotência. Os seres humanos não conseguem parar de buscar aquilo que tanto os atormenta pelo fato de que, se forem conscientes do seu ser, também saberão que não são mestres de seu próprio destino. Acidentes, doenças e a morte dos que nos são próximos e a possibilidade da nossa própria morte, de guerras, do ódio entre as pessoas, das tempestades e dos terremotos – tudo isso nos mostra que não somos mestres do nosso futuro. O universo e suas forças estão além do nosso controle. Somos apenas pequenos fragmentos, seres mortais dentro da completa vastidão. Existimos, mas não abrigamos dentro de nós todos os recursos para nos mantermos completamente vivos e para todo o sempre. Essa é a nossa tragédia.

A ética aristotélica não se baseia, portanto, numa teoria plenamente desenvolvida, mas no *desejo* de ser feliz que existe em cada ser humano. Assim como uma semente plantada na terra, se regada, vai crescer para atingir a completude na vida, o ser humano também aspira por sua completude na vida. A diferença entre as plantas e os seres humanos é que a semente, desde que cultivada, vai inevitavelmente se desenvolver e produzir frutos, ou seja, ela encontrará sua completude na vida. O ser humano, por sua vez, poderá alcançar a sua completude apenas por meio do conhecimento, de suas escolhas e através da luta. Isso envolve, para Aristóteles, educação e boas leis. O homem é capaz de orientar corretamente sua vida rumo à felicidade, mas também é capaz de perder o rumo sob o ímpeto de suas paixões, o que o levará pelo caminho da falsa felicidade.

Vemos então a necessidade de uma ciência moral como a ciência dos homens – diferente da psicologia – que busque esclarecer a natureza da felicidade. O conhecimento por si só não é capaz de criar a felicidade, insiste Aristóteles, dizendo a nós que não existe uma razão para estudar a ética se não estivermos decididos a buscar a felicidade de maneira ativa.

Não somente Aristóteles baseia sua ética no desejo pela felicidade, mas a própria ética se desenvolve pela constante utilização dos ditados de muitas pessoas, ou pelo menos das mais sábias, e isso é reconhecido. Para saber o que é o homem e o que representa uma vida vivida em sua completude, perguntemos aos homens. Ali repousa a sabedoria de Aristóteles e seu realismo. Para compreender o homem, ouçamos o homem.

Na verdade, Aristóteles nos conta que existem homens de "uma virtude sobre-humana, uma espécie heroica e divina de virtude" (EN

1145a20). Eles submergiram na busca pelo divino e pela justiça na terra. Em nosso tempo podemos pensar em Mahatma Gandhi, Nelson Mandela, Madre Teresa, Dalai Lama, Aung San Suu Kyi ou João Paulo II. Reconhecidos por muitos pela eminência de sua visão, por sua bondade, por sua coragem e sua busca pela justiça e pela verdade, eles abriram as portas para novas dimensões em nosso mundo moderno. Eles deram significado à História. Infelizmente, também conhecemos indivíduos tão brutais e perversos como Hitler e Stalin, e outros homens e mulheres que abusam de crianças, traficam drogas ou matam sem razão, simplesmente pelo prazer de matar. Hoje, assim como ontem, as pessoas pobres e os migrantes (escravos no trabalho) têm pouca oportunidade de fazer escolhas. Eles buscam apenas sobreviver. Somos testemunhas de uma grande divisão entre pessoas, criada pela diferença em suas capacidades em todos os níveis. Existem os que são brindados com dons excepcionais e aqueles que não dispõem de nenhuma dádiva especial. Cada qual, a seu modo, poderia aprender um pouco com a Ética de Aristóteles, pois, em cada caso, é apenas uma questão de emergir um pouco das sombras, da confusão, da ilusão e do egoísmo e progredir rumo a um pouco mais de luz, de justiça e de verdade – uma questão de cuidar do outro, dos membros da família, dos colegas no trabalho, dos vizinhos; de estar aberto para os outros na sociedade e trabalhar em prol dessas pessoas. Nesse sentido, Aristóteles afirma que uma pessoa pobre é capaz de maior generosidade que outra rica, se, ao dar um pouquinho, ofertar mais em proporção ao que possui. O mais importante não é a quantidade, mas a intenção e a possibilidade de cada indivíduo.

Aristóteles é capaz de ver a religião popular como uma aliada à sua ética, uma vez que ambas pendem na direção do mesmo fim: o ser humano se tornar mais completamente humano. Ele não é cego em relação às falhas na religião, que podem obscurecer uma realidade divina por debaixo de elementos de superstição e encorajar os homens a se centrarem apenas em si mesmos. Entretanto, ele não busca destruir a religião, apenas purificá-la, pois a vê como uma ajuda para a maioria dos homens. Ela pode auxiliá-los a emergirem da escuridão da violência, do ódio, da brutalidade e de todas as formas de injustiça. Aristóteles é um homem sábio. Ele procura reforçar todas as energias positivas capazes de ajudar os homens de seu tempo a se tornarem mais humanos, mais justos, mais abertos para os outros e, por conta desse fato, mais felizes, e até redescobrirem o fato de que foram feitos para a felicidade.

NOTAS

INTRODUÇÃO

1. *Le bonheur, principe et fin de la moral aristotélicienne* [Felicidade como princípio e fim da ética aristotélica]. O livro está fora de catálogo, mas pode ser consultado em bibliotecas especializadas na área de filosofia.
2. ROSS, W.D. *The basic works of Aristotle* [Os trabalhos fundamentais de Aristóteles]. New York: R. Mckeon, 1951.
3. IRWIN, T. *Nicomachean Ethics* [Ética a Nicômaco]. Indianapolis: Hackett, 1985.
4. PAKALUK, M. *Aristotle: Nicomachean Ethics Books 8 and 9* [Aristóteles: Ética a Nicômaco Livros 8 e 9]. Oxford: Clarendon Press, 1998.

CAPÍTULO I

1. Ver nota de TRICOT, J. sobre este ponto: "*Orexis* é desejo, um termo genérico de que *epithumia*, *thumos* e *boulesis* são formas. *Epithumia* é apetite irracional; [...] *thumos* é coragem; [...] *boulesis* remete ao desejo voluntário, racional e fundamentado, ou à vontade". ARISTOTLE, Éthique *à Nicomaque*. Paris: Vrin, 1979, 31.
2. Em Aristóteles, a virtude é uma disposição estável do ser humano e um constituinte da felicidade (ver p. 35 do presente capítulo).
3. Nota sobre EN 1095a10, traduzido por ROSS, W.D., *The basic works of Aristotle*. Oxford: Oxford University Press, 1954.
4. MARITAIN, J. *La philosophie morale* [A filosofia moral]. Paris: Gallimard, 1960, 59.

CAPÍTULO 2

1. Ver FESTUGIÈRE, A.-J. *Epicure et ses dieux* [Epicuro e seus deuses]. Paris: PUF, 1997, 46, 47.
2. Rei persa que afirmou ter levado uma vida de devassidão.
3. GUILLEBAUD, J.-C. *La tyrannie du plaisir* [A tirania do prazer]. Paris: Seuil, 1998, 116.
4. Raiva reprimida e frustração por causa da pobreza, do desemprego e do governo conservador do general Charles de Gaulle deram origem a um movimento de massa para varrer a mudança social na França. Em maio de 1968, trabalhadores e estudantes invadiram as ruas de Paris promovendo uma onda sem precedentes de greves, atos e manifestações.
5. IRWIN, T. *Nicomachean Ethics.*
6. CÍCERO. *Dialogue on friendship vol. XIII* [Sobre a amizade, vol. XIII]. Paris: Les Belles Lettres, 1928, 27.
7. Para Aristóteles, isso significa que o homem vive e trabalha na "cidade-estado" ou naquilo a que hoje denominamos "sociedade".
8. MONTAIGNE, M. de. *Essai de l'amitié* [Sobre a amizade]. Paris: Gallimard, 1950, 218-232.
9. PAKALUK, M. *Aristotle: Nicomachean Ethics.*
10. SAINT-EXUPÉRY, A. de. *Citadelle* [Cidadela]. Paris: Gallimard, 1948.
11. MONTAIGNE, M. de. *Oeuvres completes vol III* [Obras completas]. Paris: Editions du Seuil, 1967, 398.
12. Aristóteles usa uma palavra que não pode ser traduzida de forma concisa, mas que implica uma forma de virtude que é a excelência.
13. SAINT-EXUPÉRY, A. de. *Le petit prince* [O pequeno príncipe]. Paris: Gallimard, 1999, 72-73.

14. CÍCERO. *Dialogue sur l'Amitié vol. IV* [Diálogo sobre a amizade]. Paris: Les Belles Lettres, 1928, 10.
15. Na mentalidade Grega, e segundo Aristóteles, homens e mulheres não são iguais em termos de *status* ou direitos. Consulte o Capítulo 6, "As falhas e o valor da ética aristotélica".

CAPÍTULO 3

1. BERGSON, H. *La pensée et le mouvant, Oeuvres*. Paris: PUF, 1959, 1454.
2. JASPERS, K. *Introduction à la philosophie,* vol X. Paris: Editions Plon, 1965.
3. Aqui o autor faz referência a algumas experiências estranhas e extáticas vivenciadas nos templos da Grécia antiga.
4. FESTUGIÈRE, A.-J. *L'Idéal religieux des grecs et l'Évangile* [O ideal religioso dos gregos e o Evangelho]. Paris: Gablada, 1932, 39, 40.
5. Platão registra as palavras de Sócrates em *Apology*[Apologia], e as palavras especificamente nas passagens de 21e-30b.
6. GAUTHIER, R.A. *Commentaire sur l'éthique à Nicomaque*, vol. II [Comentários sobre Ética a *Nicômaco*, vol. II]. Paris: Louvian, 1959, 860.
7. *Eudemian Ethics* [Ética a Eudemo], traduzido por SALOMON, J., em *The Complete Works of Aristotle* [Obras completas de Aristóteles], tradução da Oxford revista, editada por Jonathan Barnes, vol. II. Princeton, NJ: Princeton University Press, 1968. Ver também a nota 2 do Capítulo 6.
8. *The Jerusalem Bible* [A Bíblia de Jerusalém]. London: Darton, Longman e Todd, 1968.

CAPÍTULO 4

1. O termo *magnanimity* [magnanimidade] foi traduzido por ROSS, W.D. como "orgulho".
2. Ver BARKER, E. *The politics of Aristotle* [A política de Aristóteles]. London: Oxford University Press, 1952, xxiii.
3. IRWIN, T. *Nicomachean Ethics*.

CAPÍTULO 5

1. "'Quem na terra', perguntaram-se um ao outro, 'poderia culpar os homens de arma Troiano e Aqueu por sofrerem tanto tempo por causa de uma mulher? Com efeito, ela é a própria imagem de uma deusa imortal. Ao mesmo tempo, adorável como ela é, deixou que navegasse para casa e não permanecesse aqui para maltratar a nós e aos nossos filhos depois de nós.'". *A Ilíada*, Livro 3, trans. RIEU, E.V. Middlesex: Penguin, 68.
2. IRWIN, T. *Nicomachean Ethics*.
3. Ver página 75.
4. *A Ilíada*, Livro 9, 63.
5. Ver BARKER, E. *The politics of Aristotle* [A política de Aristóteles], p. 57, nota 1 do original.
6. IRWIN, T. *Nicomachean Ethics*.
7. O que hoje chamaríamos de democracia era o que Aristóteles *denominava Politia: government by all the citizens* [Política: governo por todos os cidadãos]. Para Aristóteles, a democracia é uma perversão da *politia*. É governo dos que não têm força material, visando ao bem exclusivo de sua classe, não o interesse comum. É tirania pela classe dos miseráveis.

CAPÍTULO 6

1. Random House: New York e Toronto, 1993.
2. Na Ética *a Eudemo*, já citada na p. 125, ele, entretanto, abre a possibilidade para que as pessoas sem razão alcancem a verdade (EE 1248a25b6). É claro que Aristóteles não se refere aqui especificamente a pessoas com deficiência intelectual, mas, possivelmente, àqueles a quem os antigos gregos chamavam de "loucos" e "profetas".
3. Ver LE PICHON. X. *Aux racines de l'homme* [As raízes do homem]. Paris: Presses de la Renaissance, 1997, 133, que cita Amenemope: "Deus prefere o que honra o homem pobre àquele que elogia os poderosos deste mundo no céu".

Este livro foi impresso pelas Edições Loyola
em papel norbrite plus 66,6 g.